JN333937

思春期の子育て羅針盤 2

家族ってけっこうビミョ〜

文
田村節子
博士（心理学）
×
マンガ・イラスト
高野 優

教育出版

はじめに

前著『子どもにクソババァと言われたら―思春期の子育て羅針盤―』では、「子どもと親が幸せになるXとYの法則」というオリジナルの法則をご紹介しました。「子どもの成長する力と、親の力加減のバランスをわかりやすく解説してあります。

第二弾となる本著では、家族全体に焦点をあてて子どもとの関係をとらえなおす「子どもと家族が幸せになる*ヨコとタテの法則」をご紹介します。

そこで、質問です。半分終わった子どもの宿題のノートを見たとき、あなたはどう感じるでしょうか？

❶「まだ、半分しか終わっていない！」

❷「もう、半分も終わっている♪」

❶と答えたあなた。「さっさと終わらせなさい！」などと声を荒げたのかもしれませんね。「宿題が終わらなくて、子どもが先生に叱られたらかわいそう」と思ったでしょうか？「私は厳しい親に育てられた。帰宅後すぐに終わらせて当然だ」と思ったかもしれません。

❷と答えたあなた。「あと半分だから大丈夫」と子どもを信頼して安心したかもしれません。「もし終わらなくて先生に叱られても、それも勉強！」と余裕をもっ

て見ていたのかもしれませんね。❷と答えられたら、心安らかですね！

しかし、❶と答えたあなたが悪いわけではないのです。私たちは自分がされた子育てを自分の子どもに再現してしまう傾向があります。それを親世代から子世代へ価値観の伝達、「世代間伝達」と言います。自分の親も、またその親の影響を受けています。そしてそのまた親も…と考えると、壮大なロマンですね。世代を通して脈々と価値観が受け継がれてきたわけです。心理学では、「他人と過去は変えられない」と言います。ここで少し、家族と自分を見つめ直し、子どもとの関係をとらえなおしてみませんか？　子どもが激変する思春期こそ、チャンスです。

この本は、じっさいにヨコ・タテ関係をみなさんに書いていただくところからスタートします。おひとりで、ご夫婦で、祖父母も交えて、楽しみながら、読んだりチェックしたりしてみてください。読み終わるころに、新たなご自分に出会えますように、わが子が愛しく思えますように、願ってやみません。

本書は、私が尊敬している、育児漫画家の高野優さんのあたたかい絵と、編集の高石洋子さん、デザイナーの伊藤由希子さん、教育出版の青木佳之さんの絶妙なサポートを得て完成しました。皆様に心から感謝しています。

田村　節子

＊「ヨコとタテの法則」は、長崎県教育委員会の先生方が名付けてくださいました。

まったく!!
なにやってんの!!
よく頑張ったね
うんうん
やがて子どもが
親になって…
バカじゃない
なにやってんの!!
よく頑張ったね
そう
親にされたことを、なぜか子どもにしてしまう…
↑という話をよく聞くんです
それを『世代間伝達』と言うのよ

私の場合
できのいい姉と比べられてばかり。
お姉ちゃんは勉強もスポーツもできるのに。。。
恥ずかしくてウチの子なんて言えないわ。。。
なにをやっても本当にダメな子だね。。。
妹（私）
つらかったなあ
だからこそ子どもたちは平等に。。。
思春期
思春期
反抗期
とは言え×××
実際は難しすぎて。一体どうしたら？
大丈夫 一緒に考えましょう!!

contents もくじ

contents もくじ

contents もくじ

●カバー＆本文デザイン　伊藤由希子
●編集　高石洋子

思春期の子育て羅針盤 2

ヨコとタテってなあに？

ヨコとタテってなあに？

家族の中で、ヨコのつながりとは同世代を意味します。夫と妻はヨコ関係、兄弟姉妹もヨコ関係です。それに対して、家族の中で、タテのつながりは親と子の関係です。母と子、父と子の関係ですね。家族は、ヨコ関係が強い、つまり夫と妻の結びつきがしっかりしているほうがうまくいきます。親子（自分と自分の子ども、または自分と自分の親）がベッタリで、夫婦の結びつきが弱いと、どこかにひずみが生じてしまうのです。

ここで結婚したときのことを思い出してみてください。それぞれが自分のこれまでの家族から心理的に離れて、新たに二人で幸せな家庭を築く決意をしたと思います。

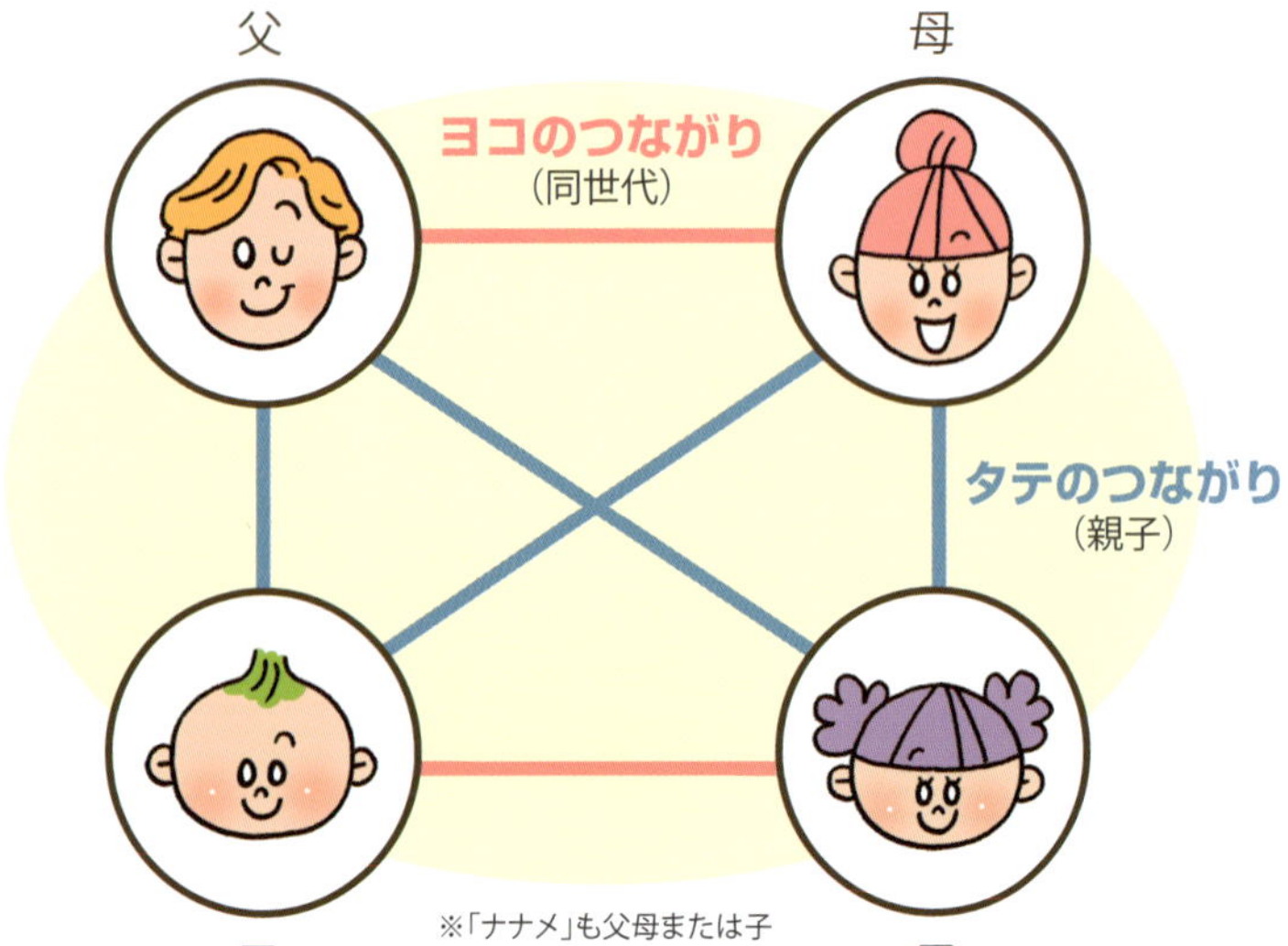

※「ナナメ」も父母または子を入れかえるとタテになるので「タテ」と見なします。

さて、ここで、妻から夫へのこわ〜い質問です。

運命の舟
お義母さんと私（妻）が小さな舟に乗っているの。でも、その舟はいまにも沈みそうなの。あなたはどちらかひとりしか助けられないの。
そのとき、あなたはどちらを助ける？

夫は、どのように答えるでしょうか。回答例を四つあげました。夫の答えに近いのは、どれでしょうか。

Ⓐ無回答タイプ▼いくら妻が聞いても答えない。「そんなの答えられない」「架空の質問だろ？　バカバカしい」など。

Ⓑ中立・あいまいタイプ▼「どっちも助ける」「泳げない方を助ける」など。「どっちも泳げたら？」「どっちも泳げなかったら？」と聞いても、「どっちも助ける」としか答えない。

Ⓒ母優先タイプ▼「母を助ける。お前泳げるだろ」「母を助ける。母は歳をとってるんだぞ。お前はなんとか自力でがんばれ」など。

Ⓓ妻優先タイプ▼「もちろんお前を助ける」「子どもの母親はお前しかいないんだから…」など。

さて、「答え合わせ」です。

Ⓐを選んだ夫の方へ▼無視していくら聞いても答えないのはなぜでしょう？　内心答えることを拒否しているのでは？　心の奥底には「妻を助けたいが母親を見捨てるわけにはいかない」という親を思う気持ちがあるからですよね。しかし、新

しい家族となった奥さんはそれを敏感に感じ取っています。

Bを選んだ夫の方へ▼どちらかひとりしか助けられないのに「どっちも助ける」の一点張りなのはどうしてでしょう。やはり心の奥底に母親を見捨てられないという気持ちがあるからですね。といって妻が期待する答えも察しているから、どっちも助けると言っているんですね。

Cを選んだ夫の方へ▼はっきりと「母を助ける」と言ったあなた。親を思う気持ちはわかりますが、これでは新しい家庭を築くのは難しいかもしれません。妻は納得しないでしょう。

Dを選んだ夫の方へ▼「もちろんお前を助ける」と言ったあなた。妻は安心してあなたと新しい家庭を築き、子育てに取り組むことができます。

じつは、この質問は、夫が今まで暮らしていた原家族から離れて、「私と新しい家族を一緒に作っていく覚悟がありますか」という妻からの切実な問いなのです。

夫と妻は、もとはといえば他人です。夫と母親は血がつながっています。しかし、子どもを産み育て新しい家庭を作っていくには、夫として覚悟が必要なのです。その覚悟を妻は聞いているのです。嘘でもいいから（実際にこんな事態になることはほぼ100%無いのですから）「君を助ける」と言ってあげてください。

この答えは、これまでの夫（子）と母親（父親）というタテ世代のつながりを弱めて、夫と妻というヨコのつながりを強めることになります。ヨコのつながりが強ければ、夫婦は運命共同体としてガッチリと絆を深めていけます。子どもはそんな両親を見て安心感を得ることができ、スクスク育っていくことができるのです。

〜家族の道のり〜

まとめ

●ヨコのつながりが一番大事

家族は、同じ世代同士（祖父母同士、夫婦同士、子ども同士）がガッチリとつながるのがよい。子どもが安心して育つことができ、自立しやすくなる。自立後は再び夫婦だけで生きていくためでもある。

●タテのつながりはほどほどに

タテ同士（親子）のつながりも大事だが、ヨコのつながりよりも強くなると、子どもに様々な影響が出て、子どもが自立しにくくなる。

ヨコとタテの関係図を作ってみましょう！

あなたのご家庭の関係図を、ヨコとタテとつなげて作ってみましょう。まずは手順を説明します。

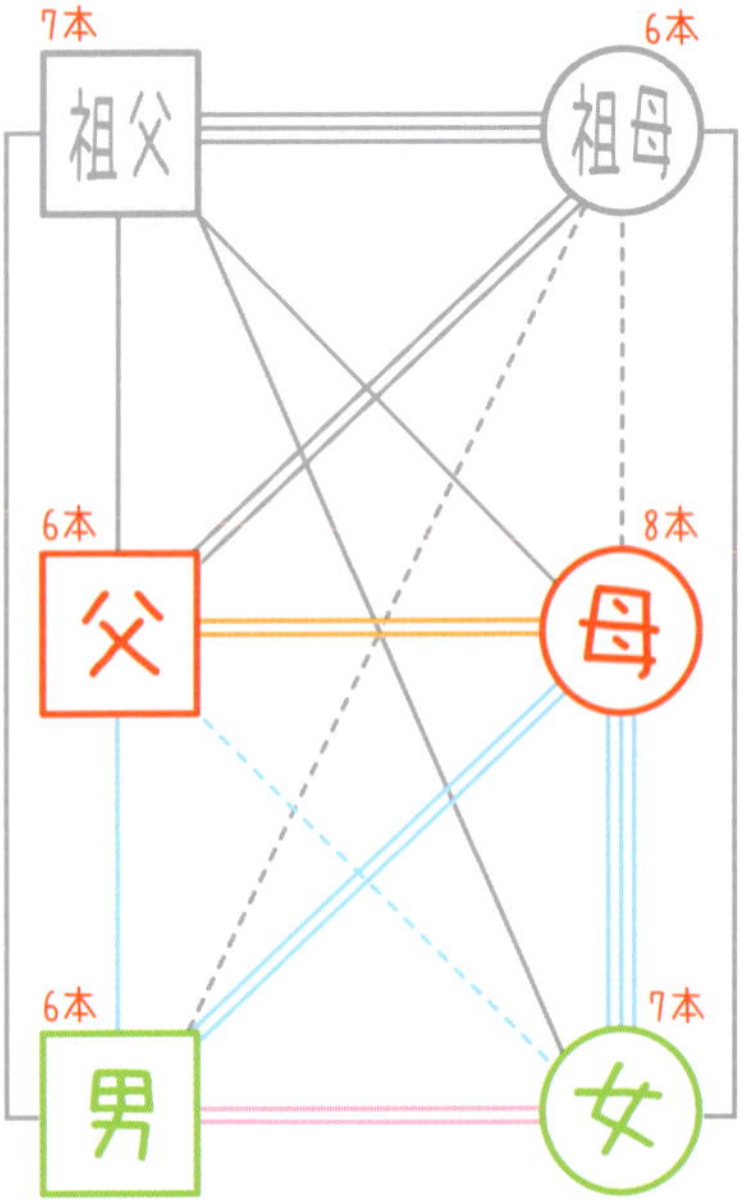

○よく話す（3本線）

○まあまあ話す（2本線）

○少し話す（1本線）

○ほとんど話さない（点線=0本）

最後に、それぞれの人のところに何本の線があるか数えます。点線は数えません。

STEP ①

親の印を書きます。お父さんは□、お母さんは○で書きます。

STEP②

次に子どもを書きます。男の子は□、女の子は○です。

STEP③

親子の関係をタテ線で結びます。よく話す関係は3本線、まあまあ話す関係は2本線、少し話す関係は1本線、ほとんど話さない場合は点線で表します。

STEP④

同様に兄弟姉妹の会話の量について、ヨコ線で結びます。

STEP⑤

同様にお父さんとお母さんの会話の量について、ヨコ線で結びます。

STEP⑥

祖父母と同居している場合、一番上に祖父母の印も書いて、全員と必ず線がつながるように書き足します。

かいてみよう！

それでは、あなたのご家族の関係図を
実際に作成してみましょう。

　さあ、ご自分のご家族のコミュニケーションの図が書き上がりました。あなたにとって、誰との線が一番多かったでしょうか？　誰との線が一番少なかったでしょうか？
　それでは、ここからは、自分の当てはまりそうなところ、興味のあるところから読み進めてください。

〈ヨコ夫婦・関係図〉

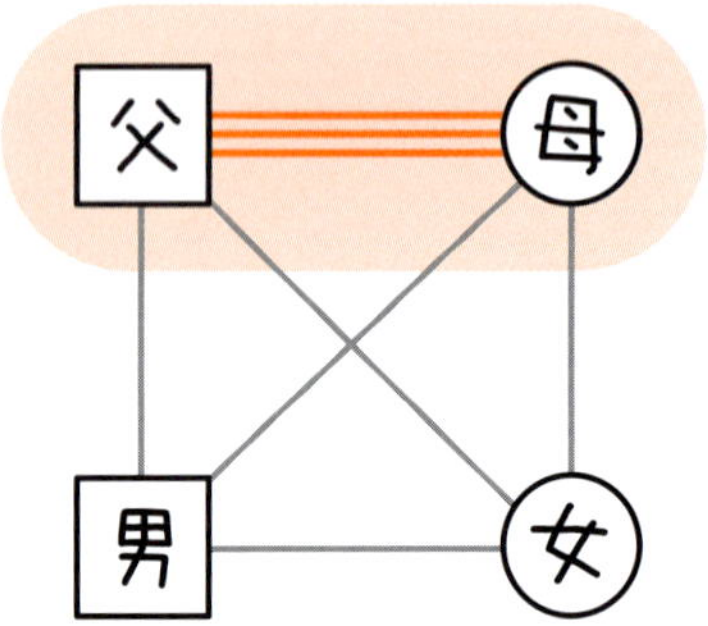

ヨ 1 コ

きずなシッカリ夫婦

夫婦で心当たりがあればヨコ夫婦!

check!

- ☐ 会話が多い
- ☐ 趣味が合う
- ☐ 食べ物の嗜好が似ている
- ☐ 言いたいことを言い合う
- ☐ ケンカしてもすぐ仲直り
- ☐ 子どもと同じくらいパートナーが大事

ヨコ夫婦①
仲がよすぎて心配…なんです!

ウチは、自分で言うのも変ですが、夫婦仲がすごくいいんです。夫とは、学生時代からの付き合いです。アウトドア派で、趣味も合うし、食べ物の好き嫌いまでほぼ同じ。

子どもが生まれてからは、家族でハイキングや軽い登山などに出かけていますが、どうしても会話は子ども同士、親同士が中心になってしまい、気づけば夫婦で夢中になっておしゃべりしていて、子どもの存在を忘れてしまうことがあります。あまりにも夫婦が仲よすぎで、子どもがそっちのけになっているのでは…と心配です。

（子ども／十歳と八歳の男子）

Answer

理想的なご夫婦! でも、ちょっと注意

ご主人と奥さんが、とてもよく会話をしていらっしゃる様子が伝わってきました。まさしく、がっちりとヨコでつながっている理想的な「ヨコ夫婦」です。

とても素晴らしいのですが、子どもさんの存在を忘れてしまうとなると、ちょっと気をつけた方がいいかもしれません。ポイントはふたつ。

一つは、身体への危険です。十歳、八歳の、とくに男の子さんの場合、「目を離した隙に…」というのはよくあること。その年ごろの子どもは、携帯電話やゲームの操作などに夢中になっていて、まわり

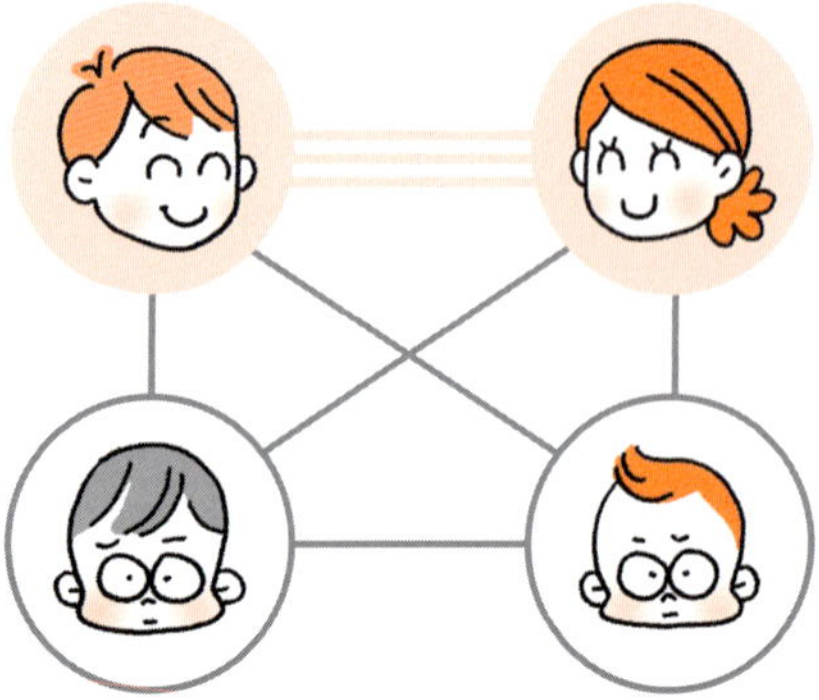

を見ていないことも多いです。ご夫婦で話に夢中になっているとき、たとえば車が来ても気づかなかったら…。こわいですね。家の中でも思わぬ事故につながることもありますので、やはりどこかでお子さんには注意を向けていてほしいです。

二つ目は、心の問題です。親に「無視されている」とお子さんが勝手に誤解してしまうことがあります。「お母さん（お父さん）は、ボクと話すよりもお父さん（お母さん）と話す方が楽しいんだ」と子どもがいじけてしまうことも。泣いたりわめいたり怒ったりして表現できる子どもはよいのですが、あまり表情に出さない・出せない子どももいます。「さびしがっている様子もないし、ウチは大丈夫」と表面的なことだけで安心せず、「あなたが大事」「大好きだよ」ということを常に伝えてあげてくださいね。

ベースは夫婦関係だけど「子ども第一」で！

ヨコ夫婦② お互い、きちんと話すけど…

なんでも話し合う夫婦です。妻も、昔から自分の意見はきちんと言うし、そういうところが自分もいいな、と思っています。ただし、お互い、言いたいことははっきり言うタイプなので、どちらも引かずに、激しい言い合いになる、ということも…。

この前、さんざん、意見をぶつけ合って、お互い納得してスッキリしたのですが、ふと子どもたちを見ると、上の娘は「また、やってるよ」とあきれ顔でしたが、下の息子は泣きそうな顔に。「ケンカしてるわけじゃないよ」とあわてて妻とフォローしたのですが、大丈夫でしょうか。

（子ども／十二歳の女子と九歳の男子）

Answer

意見をぶつけ合った後は、フォローを

ご夫婦で納得いくまで話し合う、意見を言い合う、というのはとてもよいことです。ヨコ関係がしっかりできていますね。

しかし、どうしても会話に熱が入ってくると、大声になるなど、子どもから見たら「ケンカしてるんじゃないか」と勘違いするような場面もあります。質問者さんの場合、ご夫婦で息子さんにフォローなさったのでよいのですが、理想は仲直りの場面を見せること。

「ちょっと言い過ぎちゃった」「オレも熱くなりすぎた、ごめん」というように仲直りの場面を見せる

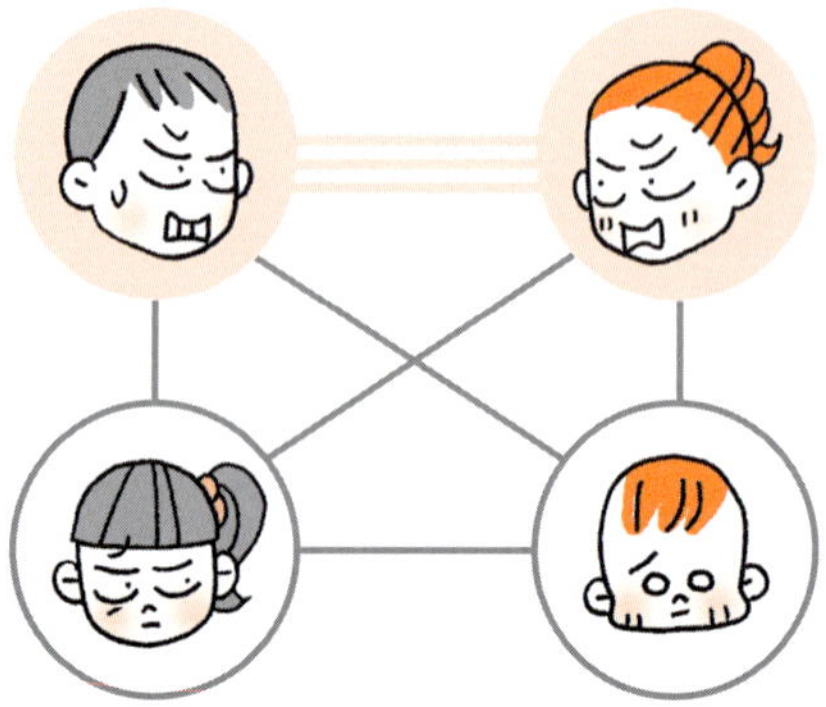

ことで、子どもは安心し、友だちとの仲直りの方法もついでに学べるのです。トラブルがあっても、「お父さん、お母さんのようにすれば、仲直りできるんだ」と子どもは学び、安心できます。

大人同士、夫婦同士は、言い争いがあってもそのまま自然に仲直り、ということもあります。しかし、子どもにしてみたら、「両親は離婚するんじゃないか」くらいに心配していたのに、翌日には何事もなかったように日常生活に戻っている、というのは、とても不安なことなのです。仲直りの方法がブラックボックスになってしまうと、子どもが友だちとトラブルがあったときに、どう解決したらよいのかわからなくなってしまいます。

子どもは大人をよく見ています。子どもが勘違いしたかな？　と思ったら、そのままにせず、言葉や態度で補って、子どもに見せましょう。

One Point Advice

仲直りの場面をお子さんに見せましょう

〈ヨコきょうだい・関係図〉

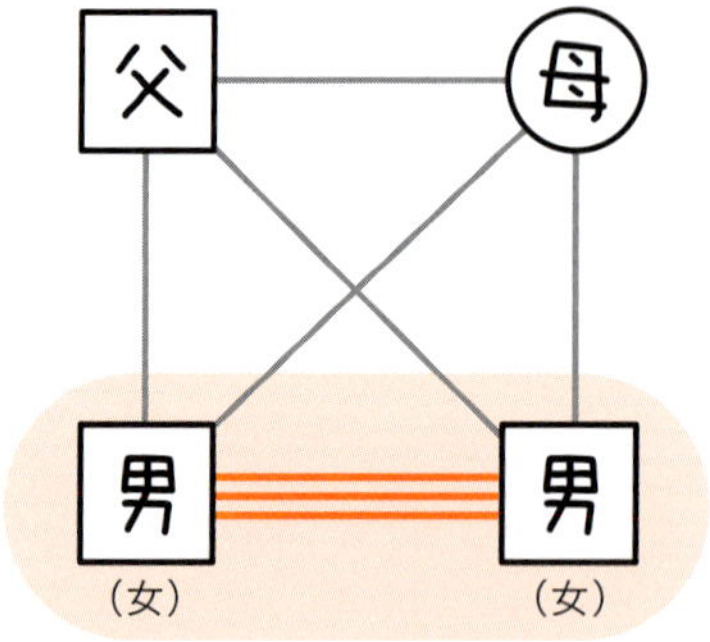

同性きょうだいの場合

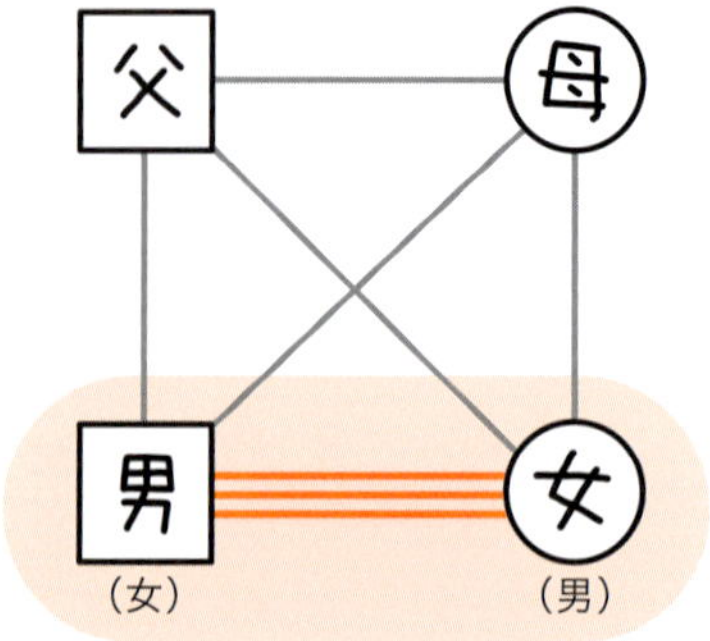

異性きょうだいの場合

ヨ ② コ

仲よしきょうだい

きょうだいで
心当たりがあれば
ヨコきょうだい!

check!

- □ とっても仲よし
- □ ケンカしてもすぐに仲直り
- □ 同じことに興味を示す
- □ きょうだいで遊ぶことが多い
- □ 異性のきょうだいでもベッタリ
- □ 遊びに行くときはきょうだいも一緒

ヨコ ②

ヨコきょうだい①
仲よく姉妹で遊んでいますが…

女の子二人姉妹です。とても仲がよく、小さいころからいつも二人で遊んでいます。どちらかというと、外遊びが好きじゃない、というところもソックリ。姉妹なので、買い与えるおもちゃもほぼ同じなので、今は二人でゲームに夢中。学校から帰ると、二人でずっと遊んでいます。

長女は来年中学生になるので、そろそろ外に目を向けて人間関係も広げていってほしいのですが、二人仲よく遊んでいるのを見ると、遊ぶな！とも言えず…。悩むところです。

（子ども／十二歳と十歳の女子）

Answer

友だちとのケンカと仲直りも大事

姉妹のヨコ関係がしっかりできていていますね。とてもよいことです。きょうだいで遊ぶことのメリットは、あうんの呼吸で気を使う必要もなく、ケンカをしても親が仲裁にはいるので、こじれる心配もないこと。

ただ、遊ぶ相手がきょうだいだけに限定されてしまうのはちょっと注意。ケンカや言い争いを通して、子どもは自然と他人とのかかわり方を身につけていくものです。安全・安心な関係だけでは、人間関係のスキルを学ぶことができなくなってしまいます。友だち同士のトラブルを通して、ときには親や

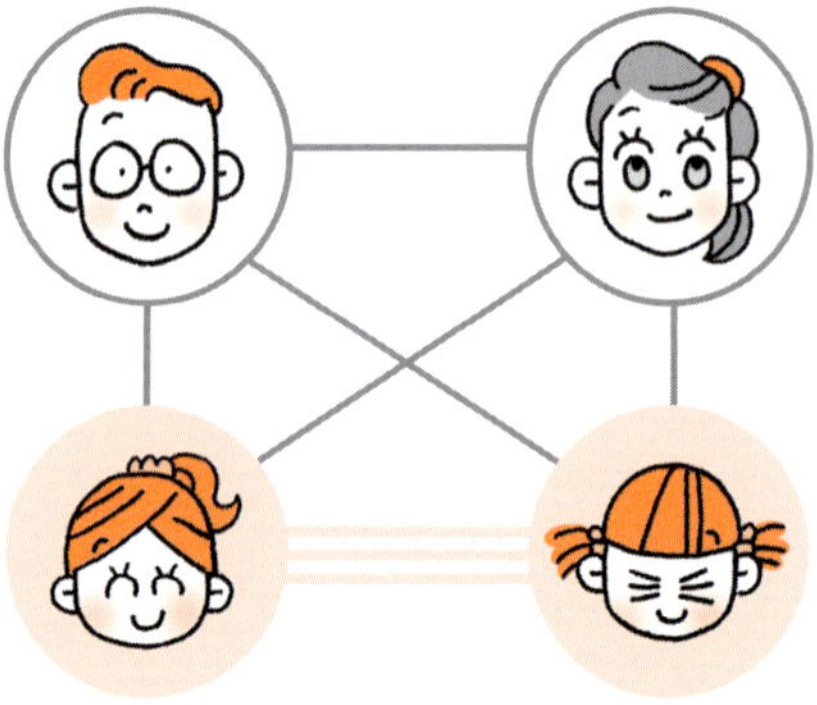

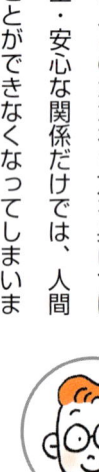

One Point Advice

プラス同年代の友だちとのかかわりも!

先生、年上のきょうだいにも相談しながら解決し、そういうことを積み重ねることで、人間関係の築き方を学んでいきます。友だちとこういう経験がないと、ケンカしたら嫌われる、関係が崩れる、と思ってしまい、嫌なことがあってもがまんするようになって、対等な人間関係を築くことができなくなってしまいます。

とくに、上のお子さんは来年中学生。思春期では子どもは友だちとがっちりヨコ関係を結んで自立していくのですが、友だちとの対等な関係が築けていないままだとうまく自立できなくなってしまいます。

たとえば、お母さんのお友だちでお子さんが同い年くらいの方がいたら、母娘同士ででかけるとか、きっかけを作りましょう。きょうだい仲よくはとてもよいこと、だけど、プラスして友だちとどんどん遊ぶ工夫はしていきたいですね。

ヨコ ②

ヨコきょうだい②

”ブラコン“の妹が心配です

娘はお兄ちゃん大好きの中学生。昔から面倒見のよいやさしい兄が大好きで、いつもくっついて遊んでいました。「大きくなったら、お兄ちゃんのお嫁さんになる！」なんて言っていたこともあります。

小さいころはきょうだい仲よくて微笑ましく見ていたのですが、気づけば兄は高校生、妹は中学生です。立派な思春期なのに、いまだに兄になついている妹は、大丈夫でしょうか。

おもに妹が慕っていますが、兄もまんざらでもない様子。もう思春期なのに、このままでよいのでしょうか？

（子ども／十六歳の男子と十三歳の女子）

Answer

第二次性徴が見られたら、男女の「区別」を

異性のきょうだいの仲がよすぎて互いの存在が異性の理想像になる、というのはよくあることです。お母さんとしては心配かもしれませんが、いわゆる「間違い」というのはまずありません。逆に、あまりにも親が意識しすぎると、子どもはそんな気持ちはなかったのに過敏に感じ取って意識してしまう、ということもあります。

異性のきょうだいの場合、仲がよくても悪くても、思春期になったら（体に第二次性徴が見られたら）部屋を別にしたり、着替えているところを見せないようにするとか、異性として「区別」をつけること

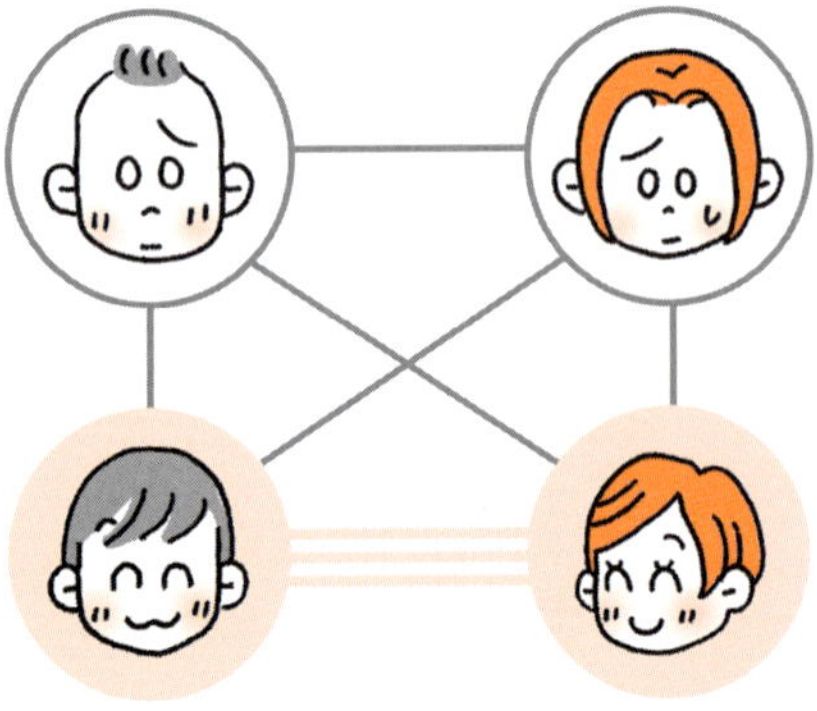

が必要ですね。お父さんも、お風呂あがりに年頃の娘の前で下着一枚…というのはやめましょう。とくにオープンな家庭にありがちですが、思春期になったら気をつけましょう。

もう少しすれば、ちゃんと彼氏・彼女ができるものです。仲よしきょうだいの場合は彼氏・彼女にヤキモチを焼くこともあるでしょうが、それもだんだん卒業していくもの。思い出してみてください。「お母さん大好き」「大きくなったらお母さんと結婚する」と言っていたかわいい息子が、思春期には「うるせぇ」「クソババァ」と言うようになるのです。いくら「お兄ちゃん大好き」の妹さんでも、近いうちに好きな人ができると思いますよ。

親は子どもを信じて見守りましょう。過敏に反応せずに、男女の区別だけはしっかりしておきましょう。

One Point Advice

過敏に反応せず、信じて見守ることです

〈ヨコひとり親・関係図〉

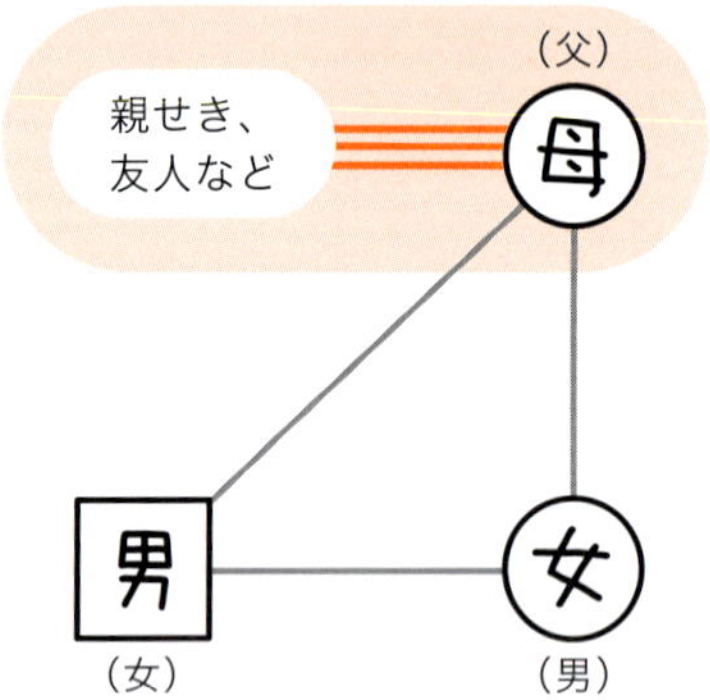

ひとり親 OK の場合

〈ヨコひとりっ子・関係図〉

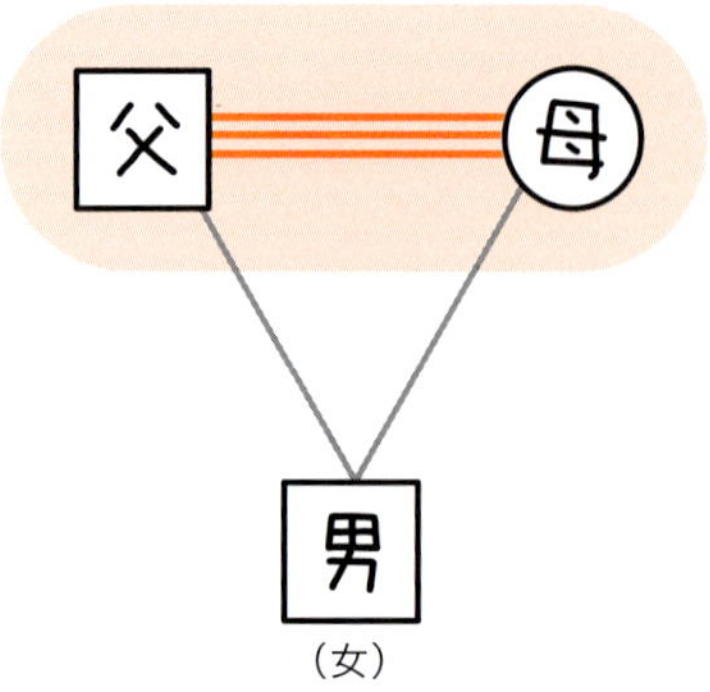

ひとりっ子 OK の場合

ヨコ 3 コ

ひとり親・ひとりっ子 OKの場合

ひとり親で心当たりがあればヨコひとり親！

check!

- ☐ パートナーに代わる相談できる大人がいる
- ☐ 困った時に助けてくれる人がいる
- ☐ ひとり親を子どもが理解している

ひとりっ子で心当たりがあればヨコひとりっ子！

- ☐ 夫婦で教育に対する考えが一致
- ☐ きょうだいに代わる友だちがいる
- ☐ 家族ぐるみで親しくしている家族がいる

ヨコひとり親
思春期…ひとり親で注意することは？

子どもが幼いころに
離婚ー。
それから10年～
なんとかがんばってきました。
いい子に育ってくれたけれどー
私一人じゃ
やっぱり心細くって
ふー

子どもが四歳と二歳の時に離婚しました。それから十年以上、母子家庭でがんばってきました。

幸い、結婚・妊娠・出産後も仕事は続けていたので、家計もギリギリなんとかなっています。子どもたちもきょうだいで助け合ったり、このごろでは家事の手伝いもしてくれるようになり、私もとても助かっています。でも、子どもたちも思春期になり、私一人だと心細いこともあります。「お母さんは大変だから…」と悩みがあっても言い出せないのではないか、と思ったり…。近くに住む兄夫婦が、「何かあれば、相談してくれ」と言ってくれますが…。

（子ども／十七歳の女子と十五歳の男子）

Answer

夫に代わるヨコ関係を！

子育てってとても大変なこと。ここまで大きく育て、しかもきょうだい同士のヨコ関係もしっかりできているなんて、お母さん、エライ！　よくがんばってこられましたね。

ひとり親の場合、一人で育児を背負い込まず、誰かに甘えたり、支えたりしてもらうことがとても大事。夫に代わるヨコ関係を築ける人の存在が重要です。幸い、近くに相談できるお兄さん夫妻がいらっしゃるとのことなので、何かあったら遠慮なく頼ったらよいと思います。

親戚でも、友だちでも、職場の人でもよいので、

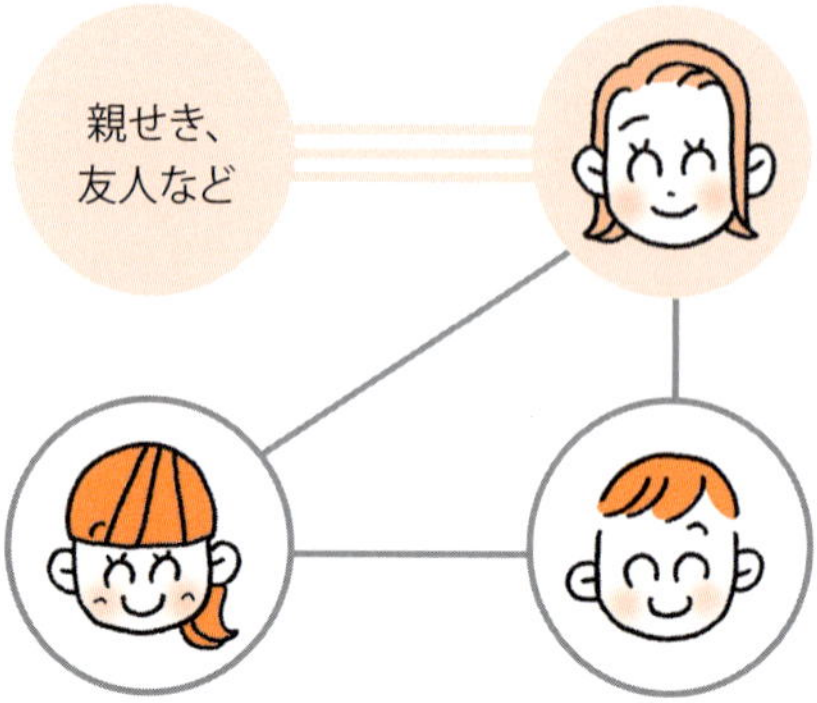

お母さんがヨコ関係を築ける人を持ちましょう。

もし、そういう人がいない場合は、専門機関を頼る方法があります。じっさいに出向くのは難しい…という方も、電話相談なら気軽です。匿名でも相談にのってくれるところもありますよ。都道府県にたいてい保健管理センターがあり、そこで電話相談を受け付けています。公的な機関ですからお金もかからず、匿名でもＯＫ。クリニックの紹介や、近くにある子育てサークルを教えてくれたりします。

私的な相談機関の場合には、資格者がいるかなど、情報を集めてよく見極めましょう。

それでなくても、思春期の子育ては大変。ひとり親の場合は、仕事と育児の両立ですから、しんどさは増します。使えるものは何でも使って、しんどくなったら一人で抱え込まず、まわりと相談してくださいね。

One Point Advice

一人で抱え込まず、まわりに相談しましょう

ヨコひとりっ子
ひとり息子に手を焼く妻

目に入れても
痛くない
息子♥
だからこそ夫婦で
あまやかさず
しっかり
育てようね!!
よく
話し合っています。
ただ息子も
思春期に入り…
妻の支えに
なりたいん
ですが…

息子はひとりっ子なので、かわいがって大事に育ててきました。そうはいっても、欲しがるものをなんでも買い与えたり、多くのお小遣いを与えたりはしていません。このあたりは、妻ともよく話し合って、注意しています。

私もひとりっ子ですが、両親からは節度をもって育ててもらったつもりです。妻は、三人きょうだいなので、「あなたのときはどうだった?」と聞いてくるときもあります。思春期に入ったせいか、なにかと反抗する息子に手を焼いている様子。妻の手助けになれればいいのですが、アドバイスをお願いします。

（子ども／十四歳の男子）

Answer

自然な子育てでOK！ だけど…

質問者さんは、子育てについてよく夫婦で話し合われていますね。ヨコ関係がしっかりできている理想のご夫婦といえるでしょう。

ひとりっ子は過保護になりがち、わがまま、という偏見があります。そのため、親としても「必要以上に甘やかさないように気をつけている。でも、手や口を出しすぎているのではないか」と心配される方が多いようです。たしかに、そのような傾向はありますが、このご夫婦のようにヨコがしっかりしている場合は、まず心配ありません。ひとりっ子だからという既成概念にとらわれず、自然な子育てでOKです。

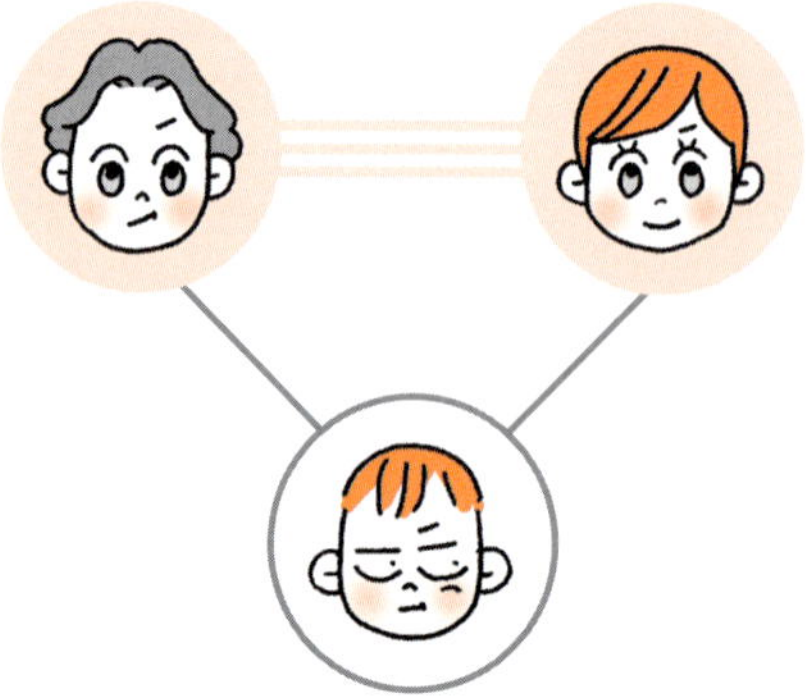

One Point Advice

人間関係のやりとりが増える工夫を！

ただし、子どもが複数いるとコミュニケーションが増え、日常生活で様々な経験ができます。たとえば、おかずの量で争ってみたり、お風呂に入る順番でもめたり、テレビ番組のとり合いでケンカしたり…こういうことは、じつは、人間関係を築く上で、とても大事なことなんですね。だから、ひとりっ子の場合は、近所の年上・年下の子どもと遊ぶなどの経験をできるだけさせてあげるとよいと思います。息子さんも十四歳ですので、すでに部活動などを通して、年上・年下の仲のよい「疑似きょうだい」がいるかもしれませんね。ドラマや映画などでも、疑似体験することも忘れずに。親子でいっしょにそれらを楽しむのもよいですね。

生身の体験をするのが一番ですが、夫婦のヨコ関係がしっかり結ばれている場合は、ひとりっ子ということにあまりこだわらず、その分人間関係のやりとりが増えるような経験をさせてあげれば大丈夫です。

ヨコ extra

1 ヨコ一直線家族

「みんな平等」の落とし穴

家族全員がヨコつながりという場合があります。ヨコ関係は望ましいのですが、親も子もすべてがヨコつながりになるのはちょっと困りものです。家庭の中で、権限までごっちゃになってしまっては、元も子もありません。たとえば、子どもが欲しいと言ったから、「子どもの意見を尊重して」なんでも買い与えてしまう。これは「尊重」とはいえません。「言いなり」です。

親と子がタテ関係であるということは、親が子どもに対して責任を持つということでもあります。動物の世界でも同じです。タテ関係が「支配」になってしまってはまずいけれど、逆に権限まで平等になってしまっては、親を尊敬できなくなり、下手をすると親子が逆転してしまうこともあります。

そうなると、子どもは自立しにくくなります。自分中心に世界が回っているので、自分の意見が通らないという経験ができなくなります。社会に出たら、必ず上下関係があり、思い通りにならないこともあります。先輩・後輩、上司・部下…そういう関係のストレス耐性が弱くなってしまいます。

やがて、子どもも自立して、今度は新しい家庭をもちます。そのためにも、子どもの意思を尊重すると同時に、親としての責任を果たし、ただ言いなりになるというのは避けましょう。遊ぶ時など、親も童心にかえり一時的にヨコつながりになるということはあってもよいと思います。ヨコ一直線が固定するのはNGです。

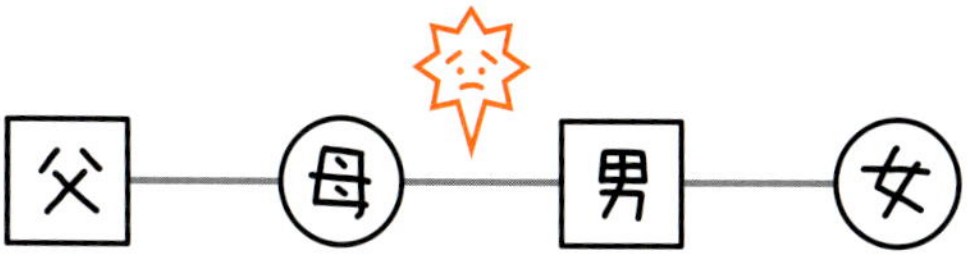

One Point Advice

「尊重」と「言いなり」は違います

②ヨコが切れている
子どもに負担がかかります

気にいらないから
しゃべらない。
KYOIKU SHUPPAN

「ケンカをして三日間口をきいていない」これくらいならばどのご家庭にもあるもの。心配することはありません。しかし、夫婦の会話がほとんどない状態が三ヵ月以上続いているならば大問題です。お子さんも、家庭の異様な空気に気づいています。当然、「お父さんとお母さんは仲が悪いんだ」と思っているはず。そして、気に入らない人とはしゃべらなければよい、ということを学びます。子どもも、ケンカをしたらすぐに関係を切ってしまう、いやな子は無視するようになってしまい、人間関係が学べずに、つらい思いをすることになるかもしれません。

また、両親の会話がない家庭の子どもは、安心感をもつことができません。子どももとても気を使っていて、常に緊張しています。両親の伝達役にされることもあり、その場合、子どもは両親に離婚してほしくないので必死に間を取りもちます。

すぐにヨコ関係の修復が必要ですね。いまさらどう話したらよいのかわからない…という場合は、態度で示してもよいのです。たとえば、ご主人が好きなおかずを出すとか、雨が降りそうなら出かけに傘を手渡す、といったことからスタートしませんか？　子どもは、そういう姿を見るだけで、「お母さんはお父さんを大切にしているんだ」と思うもの。過去と他人は変えられません。まずは、小さなところから、自分がアクションを起こしてみませんか？

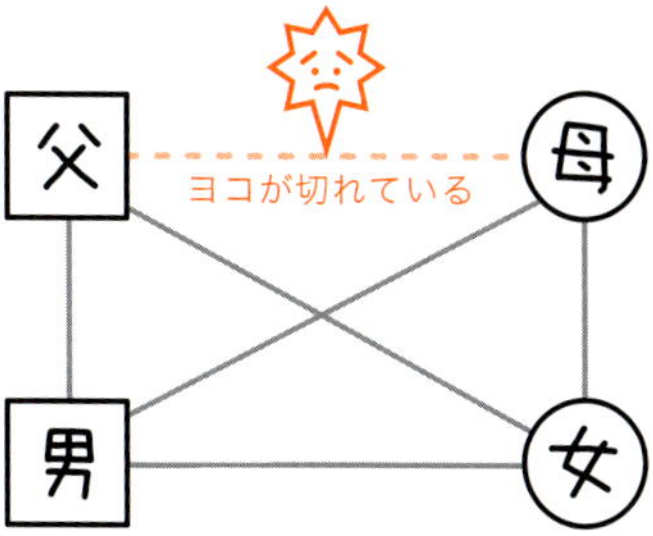

One Point Advice

態度で互いを思いやる気持ちを示しましょう

ふれあいの5つの法則

これまで、家族にとってヨコのつながりがどんなに大切か例をあげてきました。ここで、子育ての基本、子どもとのコミュニケーションについてとっておきの法則についてお話しします。それは、「ふれあいの5つの法則」。これは子どもだけでなく、大人同士も含め、すべての人間関係に使えるオールマイティの法則です。ぜひ、知っておいてください。

ふれあいの5つの法則

1
温かい心のふれあいを与えられていると、子どもは心が安定し、自分を肯定することができる。

2
温かい心のふれあいが不足すると、叱られるような冷たいふれあいを求めるようになる。

3
条件つきの温かいふれあいばかり与えられていると、次第に叱られるような冷たいふれあいを求めるようになる。

4
叱られるような冷たいふれあいは、温かいふれあいが与えられない限りずっと求め続けるものである。

5
温かいにせよ、冷たいにせよ、ふれあいが得られないことは人生で最も苦痛なことである。

★コピーを取って、見えるところに貼っておくことをお勧めします。

出典：杉田峰康著『交流分析のすすめ―人間関係に悩むあなたへ』（日本文化科学社）を一部改変

子どもは温かいふれあいなしには生きていけません。温かいふれあいとは、認められたりほめられたりすることを指します。その反対の冷たいふれあいとは、認められなかったり叱られたりすることを指します。すべての子どもは親から温かいふれあいを与えられ、大切に思われたいと願っています。ふれあいには法則があります。おもしろいくらい、人はふれあいの5つの法則どおりに動いています。

ふれあいの5つの法則を、一つずつお伝えしましょう。

1 温かい心のふれあいを与えられていると、子どもは心が安定し自分を肯定することができる。

子どもに限らず人はみな、温かいふれあいを与えられていると心が安定します。十分に関心を向けてもらえていると感じると、気持ちは落ち着きます。自分を認めてくれたり、ほめ

てもらえたりすると、自分はこれでよいのだという実感ももつことができます。つまり、自分を肯定することができます。

自分を肯定できれば困難なことがあってもそれを乗り越えていこうとする気力がもてます。たとえうまくいかなくても、自分のせいだと卑下することもなく、自分のことを受け容れることができます。

子どもも大人も、自分が他人（自分以外という意味では親であろうが子であろうが他人）にどう思われているかということに敏感です。「自分が大切にされていると実感すること」「あなたがこの家の子どもでよかった」「あなたがいるからがんばれる」…このことが子どもにとって、いえ、大人にとっても生きていく上で心の支えとなります。

2 温かい心のふれあいが不足すると、叱られるような冷たいふれあいを求めるようになる。

人は温かいふれあいなしでは生きられない動物です。温かい心のふれあいが不足すると、子どもは不安になります。たとえば、アキラ君（兄）とケン君（弟）という二人の兄弟がいたとします。ケン君はいつも勉強ができるお兄ちゃんと比べられています。ケン君が両親の愛情を得るためには、お兄ちゃんよりいい成績をとって、お兄ちゃんを超えなくてはなりません。でも勉強が苦手なケン君にはそれはできません。しかも、作文もきらい、絵も苦手、音楽も、運動も…ケン君はお兄ちゃんを超えるものがなかなか見つかりません。

ところが、たった一つあったのです。親からの関心を引く手っ取り早くて一番確実な方法が…。それは、親に叱られるようなことをすることです。

「愛の反対は無視」です。叱ってもらえれば、「あぁ、関心を向けてもらえている」とケン君は実感することができます。それでは、叱ってもらうための手っ取り早くて一番確実な方法はなんでしょうか。それは、親の価値観（親が判断のよりどころとしているとても大事な信条や決まりごとなど）に触れることをすることです。

たとえば、ケン君のお母さんは「成績が何より大事」という価値観をもっているようです。少々熱が出てもケン君が派手な格好をしてもあまり気にとめません。しかし、成績が下がると「どうして下がったの?」とすぐに反応します。ケン君がお母さんの関心を引くには、「成績が急降下すること」がもっとも確実な方法となります。

同様に、親が「健康が一番大事」という価値観をもっていたら、成績が下がってもあまり気にしません。しかし、熱が出たとたんオロオロして、「頭痛くない?」「病院行く?」と、急に過保護と思われるくらいに関わります。

「世間体が一番大事」という親御さんの場合には、成績が下がっても、熱が出てもあまり気にしません。しかし、近所のコンビニでしゃがみ込んで大きな声で話したり、服装が乱れたりすると「みっともない!」「世間体が悪い!」と、うるさく叱ってきます。

親の価値観には、他にも「決まりが大事」「行儀が大事」「親のプライドが大事」など、親の数だけさまざまな価値観が存在しています。

それでは、なぜ子どもは親の価値観がわかるのでしょうか。それは、子どもの観察力にカギがあります。子どもは産まれてくる時に、お金も武器も持っていません。だからこそ観察力が鋭いのです。親やまわりの人間をジーッと観察しています。これは、とても弱い存在だからこそ得た、自分を守るための「能力」だといえます。ですから、親が口に出して言わなくても子どもは親の価値観を肌で感じ取っています。

子どもの名誉のために付け加えておきます。子どもはわざと叱られるようなことをしているわけではありません。叱られるようなことをしてしまうのは、「自分に注目してほしい」「自分の存在を無視しないでほしい」という子どもの心の叫びです。自分が生きるために（親に見捨てられたら生きていけない弱い存在なので）、無意識に親に叱られるようなことをしてしまっていることを忘れないでください。

3

条件つきの温かいふれあいばかり与えられていると、次第に叱られるような冷たいふれあいを求めるようになる。

条件つきの温かいふれあいとは、親が出す条件を満たせないと得られない温かいふれあいです。

たとえば、「100点をとるあなたはかわいい」とか「いつもよい子にしているあなたはかわいい」などです。子どもはいつもよい点数をとることに必死になったり、わがままも言えずに自分の気持ちを押し殺したりして「よい子」になろうとします。

なぜなら、親の条件を満たせなくなったら「愛されない」と子どもが実感してしまうからです。親が言葉で言わなくても悪い点数をとった時に「はぁー…」と大きなため息をついたり、顔をしかめたりするだけで、子どもは敏感に親の期待に添えなかったことを感じ取ります。人は自分の気持ちを言葉で三〜四割、表情や態度・言葉の言い方で六〜七割を伝えています。言葉（言語）とは文字通り話した中身です。「好きだ」とか「嫌いだ」とか「こう考える」とかの中身です。言葉以外（非言語）というのは、言い方の調子（怒鳴るなど）とか、表情や態度を指します。

みなさん、こう聞いて不思議に思いませんか。「言葉の中身のほうが、表情より正確に相手に伝えることができるでしょ」って。

はたして、そうでしょうか。たとえば、ここに男の子と女の子がいるとします。男の子が女の子に聞きます。「僕のこと好き?」って。女の子は「大嫌い」って言いました。でも、顔は真っ赤になっていました。さあ、この女の子はこの男の子をどう思っているのでしょうか。そう、「好き」ですよね。言葉ではウソをつけるのですが、非言語ではウソをつけないのです。友だちが「私たち親友だよ」と言葉で言ったとしても、その友だちに無視されたりひどいことをされたら、「ホントは私のことを友だちと思っていないんだな」とわかるわけです。

ご理解いただけたでしょうか。子どもにはするどい観察力があるので、正確に非言語の情報を読み取ってしまいます。ですから、親からの条件つきの愛情ばかりを与えられていると察すると、子どもは「本当の温かいふれあい」を求めて、それに反する叱られるような冷たいふれあいを求めるようになるのです。

4

叱られるような冷たいふれあいは、温かいふれあいが与えられない限りずっと求め続けるものである。

温かいふれあいが得られないと、子どもは、叱られるような行動で親の関心を引きつけることはおわかりになったと思います（法則2と法則3）。法則2のケン君ですが、親からほめられない限り、ずっと叱られるようなことをし続けます。しかし、叱られるような悪いことをしているのですから、当然ほめられません。すると、また叱られるようなことをするという負のスパイラルに陥ってしまいます。どこかで負のスパイラルは絶ち切りたいですね。お母さんは言います。「ケンが態度をあらためれば、ちゃんとほめられるのに」。そうですね、確かにそれは正論です。

心理学では、「過去と他人は変えられない。変えられるのは自分だけ」という言葉があります。子どもに変わってほしいときは、まずは「親が変わる」ことが大切なのです。それでは、どのように親が変わったらよいのでしょうか？　性格をガラッと変える必要はありません。ほんのちょっと子どもへの関わり方を変えればよいのです。ぜひ試していただきたいのが、「ほめほめシャワー」です。子どもをシャワーのようにほめまくるのです。もちろん、あまりにも見え透いたほめ方だと子どもに見抜かれてしまいます。だから、認めるだけでもOKです。「ごはん残さず食べたね」「食器かたづけてくれたんだね」など、事実を認めるだけでよいのです！　これならば、できそうではありませんか？

くり返し続けば、子どもは、親に関心を向けられていると実感することができますよ。そして、法則1のような安心感を得られることでしょう。

5 温かいにせよ、冷たいにせよ、ふれあいが得られないことは人生で最も苦痛なことである。

認められたりほめられたりせず、叱られることもない子どもは、家にいてもまったく存在感がないことになります。これは、子どもの存在を全否定しているのと同じことになります。子どもだけでなく、家族の中で無視されている人も同じです。

よくあるパターンとして、お母さんと子どもが仲よくガッチリくっついていて、お父さんが家族の中で無視されている場合です。すると人は温かいふれあいなしでは生きていけないのですか

ら、お父さんは自分を認めてくれる人や物（飲み屋さん、ギャンブル、お酒、趣味など）へ走り、奥さんから叱られるような冷たいふれあいを求めることになります。子どもも大人も同じだということがおわかりいただけたと思います。

家族はもちろん、学校や会社、「ママ友」の人間関係など、人と人とが関わっている場所すべてに、この法則があてはまります。法則1がとても大切なことを、理解していただければ幸いです。

子どもの発達には親同士のヨコ関係が大事なんです

「ふれあいの5つの法則」を通して、子どもは温かいふれあいが与えられていることで健やかに成長していくことがおわかりいただけたと思います。

温かいふれあいのしかたを、子どもは親同士のコミュニケーションを手本にして覚えていきます。親がモデルとなるわけです。と言っても、いつも親同士が仲がよくなくてはいけない、というわけではありません。

どこのご夫婦も、ケンカもするでしょうし、口をきかなかったり、時には声を荒げることもあるでしょう。「どうしてあなたは…」「まったくお前ってやつは…」など、時には相手を嫌いになってしまったかのようなセリフを言うこともあります。家庭を築いていく過程では、よいことも悪いことも嵐のように起きます。その度に親は力を合わせ、時には互いに愛想をつかしたりしつつ、でもまた仲直りしたりして、子育てをしていくものです。

親が伴侶に対して、よい感情と悪い感情をもつことがむしろ自然で長続きするコツともいえます。どちらかだけの感情だけだと苦しくなります。もちろん、相手に対して悪い感情だけしかもてないのならば、一緒に暮らしていくことに行き詰まってしまうでしょう。しかし、よい感情だけを向けられるように努力していると、自分の本当の気持ちが出しづらくなり、疲れ果ててしまうでしょう。

子どもに対しても同じです。時にかわいくないと思ってしまって自分を責めてしまうお母様方がいらっしゃいます。共著の高野優さんが講演会で、「わが子をかわいいと思えますか？」という質問をすると、70％の方が「NO」と答えるそうです。でも、「NO」と答えた方、安心してください。子どもをかわいく思ったり、時に憎たらしく思いながら子育てすることは、とても自然で健全な育児の姿といえます。

ですから、お母様方はご自分を責めないでください！　母親失格などという言葉はないのですから…。

じつは、今お話ししたことが、親同士のヨコ関係を維持していくコツとなります。いつも仲がよくなくてはいけない、などということはありません。本音で交流し合い、時にはケンカをし、時には力を合わせながら、互いに受け容れられていると実感できることが大事なのです。そして、このようにご夫婦のヨコ関係がキッチリ結ばれていれば、子どもは安心して自立へ向かっていけます。

子ども同士の場合も親同士と同様に、しっかりとしたコミュニケーションがとれていることが理想です。もちろん、きょうだい同士だと、互いを好きだと思ったり、嫌いになったり、大人よりストレートに気持ちを出すことでしょう。相手に対して、好きと嫌いの両方の気持ちをもつことは自然であり、むしろその方がよいことが先の説明でわかっていただけたと思います。

親同士、子ども同士のヨコ関係がしっかりと結ばれていることが、家族に危機が訪れた時に乗

り越える原動力になります。しかし、両親のヨコ関係に危機があると、子どもはとても不安になります。その不安を回避するために、叱られるようなことをするのは、先のふれあいの5つの法則でご説明しました。

たとえば、子どもが万引きをしてお店の人に捕まったとします。警察に引き渡されて、交番に親が呼び出されます。そして、警官から「子どもにちゃんと目を向けるように」と、親が諭されます。親は反省し、夫婦で子どものことについて話し合います。

「私がここのところ忙しくて、ケンがゲームを

祖父母同士
親同士
理想のコミュニケーション
子ども同士

欲しいと言っていたのに頭ごなしに、ダメと言って突き放してしまったからだわ」

「いや、俺だって毎日接待で夜遅くてここ一年ケンとほとんど口をきいてないよ。子育ても君に任せっぱなしだし…」

「私もあなたに対する不満をケンにグチってばかりで…。きっとそれもあの子は嫌だったわね。悪いことをしたから叱らなくてはならないけれど、叱るだけではきっと解決しないわね」

「そうだな、ケンはさびしかったかもしれないな。俺もなんとか時間を作って、夕食を一緒に食べられる日を作れるように努力してみるよ」

このようにうまくいかないまでも、子どもが出したSOSは、夫婦であらためて子どものことを一生懸命考えるきっかけとなります。同時に、それまで夫婦の心が離れかかっていたところに、「子どもの問題解決運命共同体」として、夫婦の結びつきが強くなっていきます。子どもはそうやって自分への関心を引きつつ、両親の関係修復（ヨコの関係修復）をも果たそうとしているのですね。

しかし、できれば、ここまでお子さんを追い詰めないでほしいです。このようなことになると、子どもにも親にも大変な負担となりますから。ですから、この本を手にしてくださったみなさんには、日頃からヨコの関係を意識していただけたらと思います。

では次に、ヨコ関係よりもタテ関係が強くなってしまうと、お子さんはどうなるのか？　様々な例で見ていきましょう。

〈タテ夫婦・関係図①〉

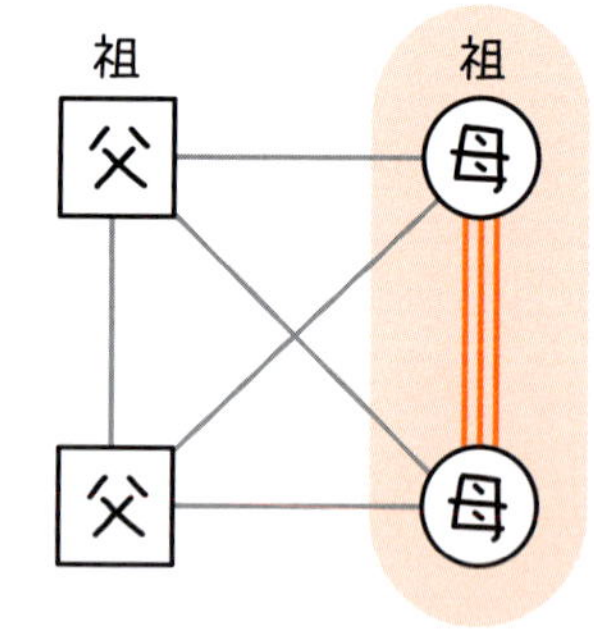

妻がお母さんとベッタリ

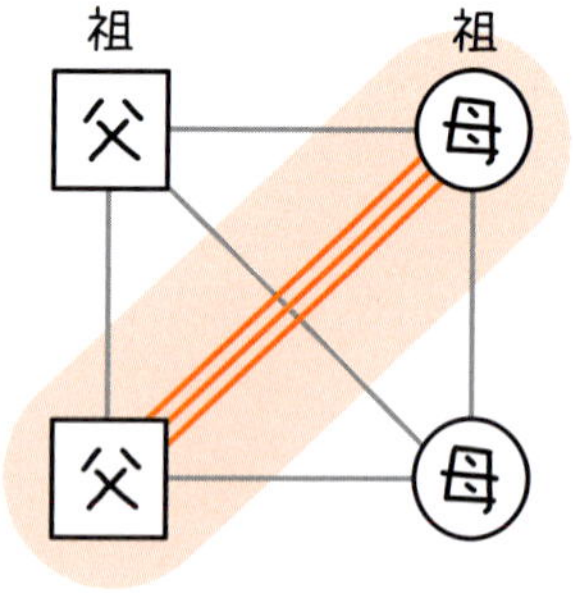

夫がお母さんとベッタリ

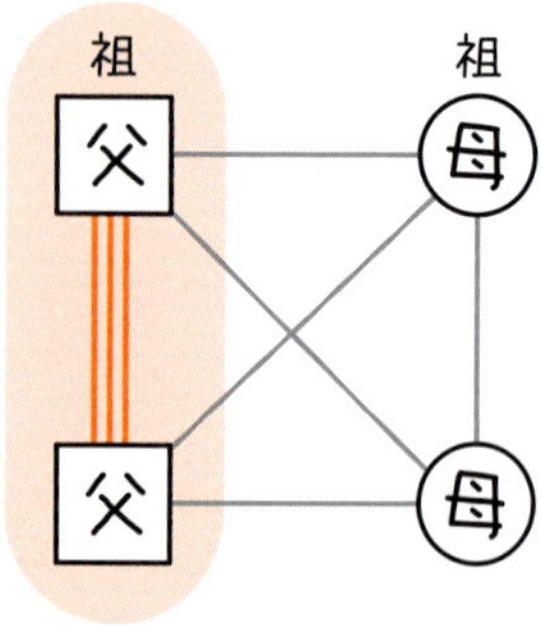

夫がお父さんとベッタリ

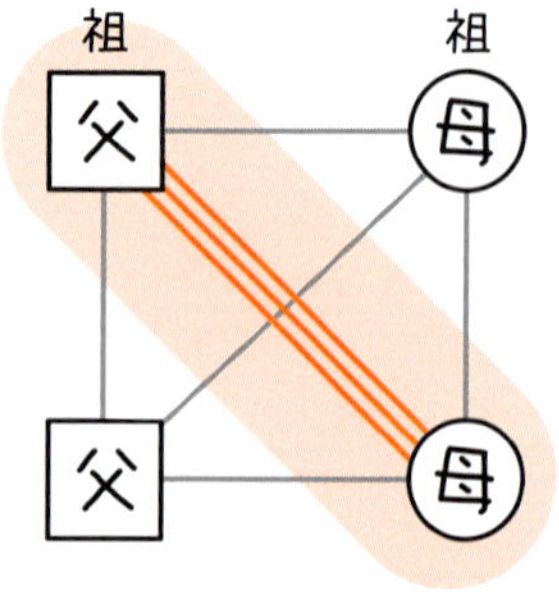

妻がお父さんとベッタリ

タテ1テ

マザコン・ファザコン夫婦

夫婦で心当たりが
あればタテ1夫婦!

check!

- ☐ 夫が実母のいいなり
- ☐ 妻が実母と超仲よし
- ☐ 夫が実父に頭が上がらない
- ☐ 妻が実父に頼りすぎ
- ☐ パートナーよりも自分の両親に従う
- ☐ 夫婦より親子関係が強い

タテ夫婦①
夫がお義母さんの言いなり

べっ…たり
夫
義母
同居は
したものの…
夫はー
母さんの言うとおり。
母さんの
母さんは
母さんに
母さんが
あきらめ気味。

夫が実母にベッタリです。ひとり息子なので、同居を望まれ、私も承知しました。でも、結婚しても、夫は義母の言いなりで、私は夫と家庭を築いたという実感がありません。家計も夫が仕切るということで任せたのですが、どうやら義母が握っているらしいのです。

子どもの進路についても口を出し始め、夫は母親の言うとおりでいい、という雰囲気。

私は子どもの意思を尊重したいのですが、夫に話してもまた義母の言いなりになるのではないかと、なかばあきらめています。

（子ども／十四歳と十二歳の男子）

Answer

お子さんの進路問題はチャンス

この本のはじめに、「運命の舟」の話をしました。質問者さんの夫は、「お母さんを助ける」と答えたのではないでしょうか。新しい家庭を築いていても、自分がまだ子ども役を演じていると、妻とヨコ関係が築けず、妻は自分の立ち位置を見いだせずに辛い思いをします。最も避けたいパターンです。

お子さんの進路問題は、ご夫婦が向き合うよいチャンスでもあります。お父さん、お母さん、子どもの三人で話し合うこと。子どもの最終的な責任はご両親がもつものですよね。祖父母ではありませんよね。このところを夫と確認してみてください。子どもの進路のことなら、説得しやすい

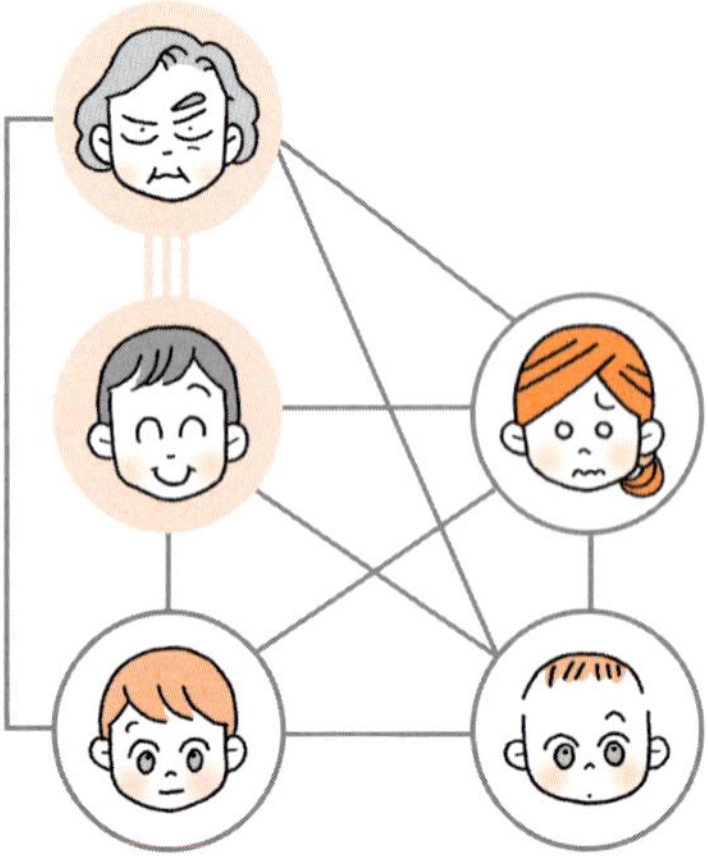

と思います。子どもについてなにか大きな決定をするときはチャンスととらえて、「私たち夫婦で責任をもつので任せてほしい」と言ってみることが大切です。そうしないと、いつまでもタテ関係は変わりません。

もしかしたら、お義母さんがお義父さんとうまくいっていない場合も考えられます。ヨコ関係が築けないさびしさが子どもをつなぎとめている場合もあるからです。お義母さんがお義父さんに代わる茶飲み友だちや趣味を見つけて、どんどん外に出て行ってもらえるのが一番よいですね。そうすると、ほかの友だちから「孫に口出し過ぎよ」などと言ってもらったりできますからね。

逆に、夫が実父にベッタリというパターンもあります。たとえば自営業の二代目の場合などです。祖父が家の実権を握っていて頭が上がらない…。これも、夫はいつまでも重要な決定ができないままの子ども的立場になってしまいます。

子どものことは、やはり夫婦で!

タテ夫婦②
妻が実母になんでも相談

べっ…たり
義母
妻
結婚前は…
お母さんがね～
仲がよくて
なにより
結婚後は…
実家ー
里帰り～
長電話～
～～～
お母さんはどう思う？
むなしい ×××

妻と義母は仲よし母娘。テレビドラマや洋服の趣味も合うらしく、始終ベッタリしています。
結婚前はあまり気にも留めず、むしろ好ましく思っていたのですが、結婚して子どもが生まれると度が過ぎているのではないかと不安です。
子どもが生まれて三か月は実家に里帰りしていたし、子どもを連れてしょっちゅう実家に帰っています。とはいえ、自宅から二時間くらいかかるので、帰れない時は長電話です。この前、子どもの塾選びについて妻が義母に電話で相談しているのを聞いて、自分の存在がむなしくなりました。

（子ども／十一歳の女子）

Answer

子どもがSOSを出すことも…

親子の仲がよいのは結構なのですが、新しい家庭を作ったら、家庭の中心はご夫婦です。質問者さんのような場合は、夫に別のヨコ関係ができてしまう危険があります。不倫ということもありますが、仕事に依存する、趣味に没頭する、帰宅しても休日でも自分の部屋に閉じこもりきりなどが考えられます。「ふれあいの5つの法則」を思い出してください。

ヨコ関係がうまくできないと、ふれあいを求めて、人はわざと怒らせるようなことをしてしまう、でしたね。たとえば、夫がほかの女性と不倫した場合、妻は怒り言い争いが起こります。マイナスの意味ですが、会話が増えるわけです。悲しいかな、

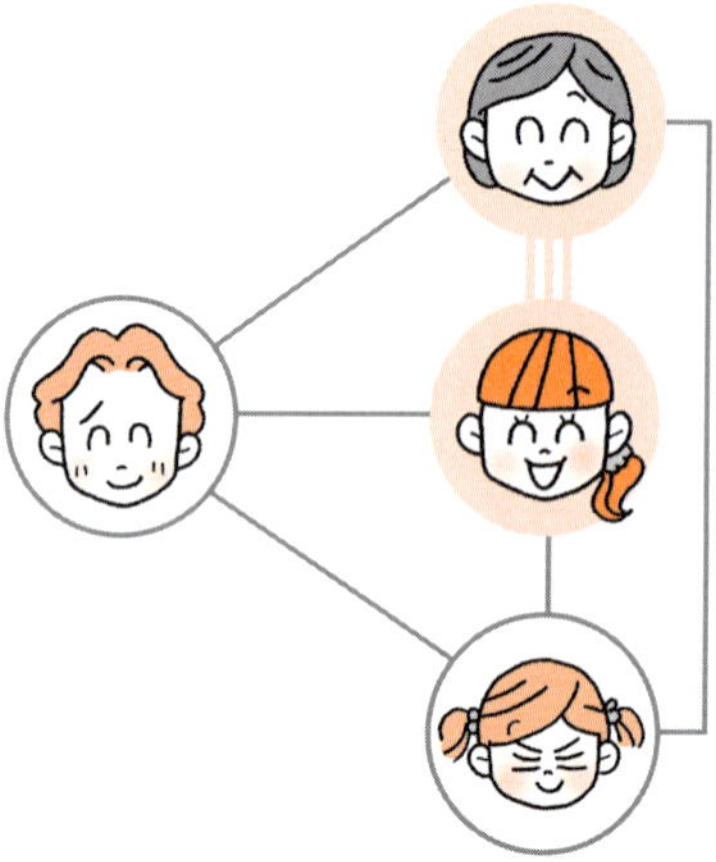

ヨコ線が増えます。

そして、子どもがSOSを出さざるを得なくなる場合もあります。学校で問題を起こしたり、警察のお世話になったり…。たいていそういうときは「ご両親で来てください」「ご夫婦でしっかりお子さんを見てください」と言われます。「おばあちゃん、来てください」とは言われないですよね。つまり、夫婦で会話せざるを得ない状況を、子どもが作り出しているのです。子どもにこのようなことをさせないためにも、お父さんの存在が必要です。「基本は夫婦」「もっと自分を頼ってほしい」と一度しっかり妻と話し合って、ヨコ関係の強化に努めてみてください。

また、妻と実父の結びつきが強い場合も同様です。夫にしてみると、こちらのほうがイヤかもしれません。家庭を持ったら、基本は夫婦のヨコ関係。これは肝に銘じてくださいね。

One Point Advice

ふれあいの5つの法則のおさらいをしましょう

〈タテ夫婦・関係図②〉

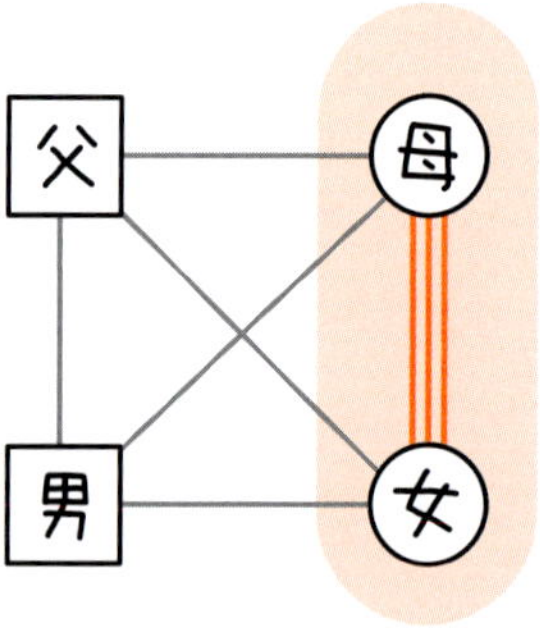

妻が娘とベッタリ

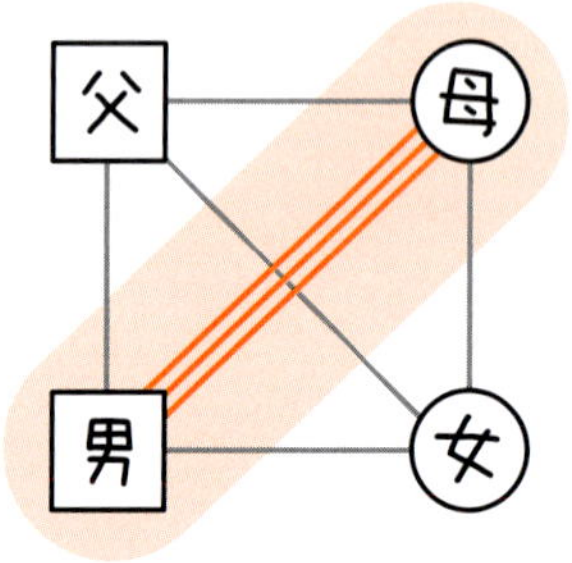

妻が息子とベッタリ

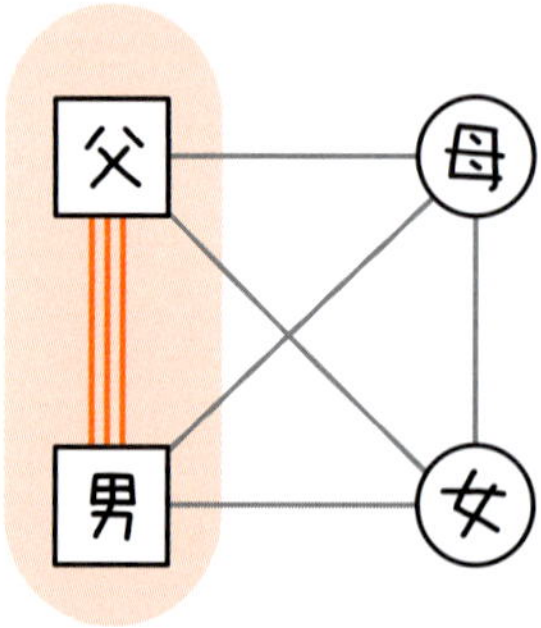

夫が息子とベッタリ

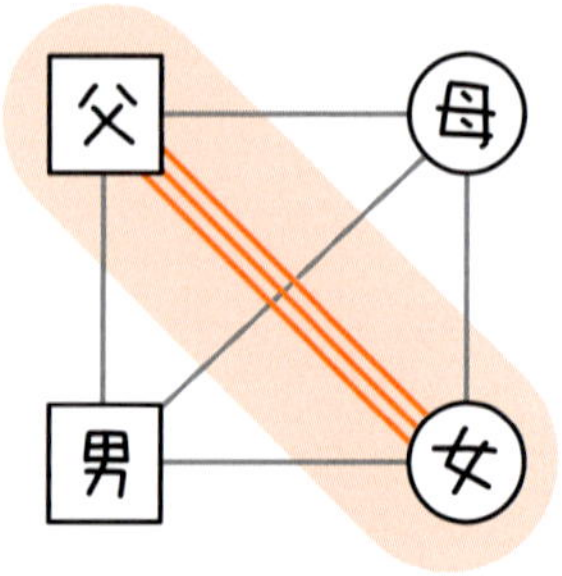

夫が娘とベッタリ

タ
2
テ

親子ベッタリ夫婦

夫婦で心当たりがあればタテ2夫婦!

check!

- □ 妻が息子にかまいすぎ
- □ 夫が息子の教育に超熱心
- □ 妻が娘ばかりかわいがる
- □ 夫が娘に甘すぎる
- □ 夫婦の会話が少ない
- □ 親子の結びつきが強すぎる

タテ夫婦③ 妻が息子にかまいすぎ

妻は「息子命」のところがあり、とくに末っ子の息子に対して、手をかけています。

上の二人と、少し年が離れているせいかもしれませんが、とにかくなんでも手を出します。学校の準備や部屋の掃除はもちろん、食事も息子の好きなメニュー中心です。長男の時も似たような傾向がありましたが、次男が生まれてからは次男が中心です。

息子は大きくなっても、母親頼みで、このままでは自分のことができなくなってしまうのではないかと心配です。

（子ども／十八歳と十一歳の男子と十六歳の女子）

Answer

自立が難しくなります

お母さんと息子の関係は、よく言われるところです。私の知っている例では、中学生になった息子さんの制服を着替えさせている、靴下をはかせている、というお母さんもいました。その間、夫はほったらかしなのでしょう。お母さんが手となり足となり、かわりにやってしまうと、息子は自立できなくなってしまいます。息子がお母さんの生きがいになっている場合、その生きがいをなくすわけにはいかないので、無意識のうちに子どもが母親に反抗もせずにしたがうこともあります。思春期になっても反抗できない息子の場合、母親は異性ですから人生のモデ

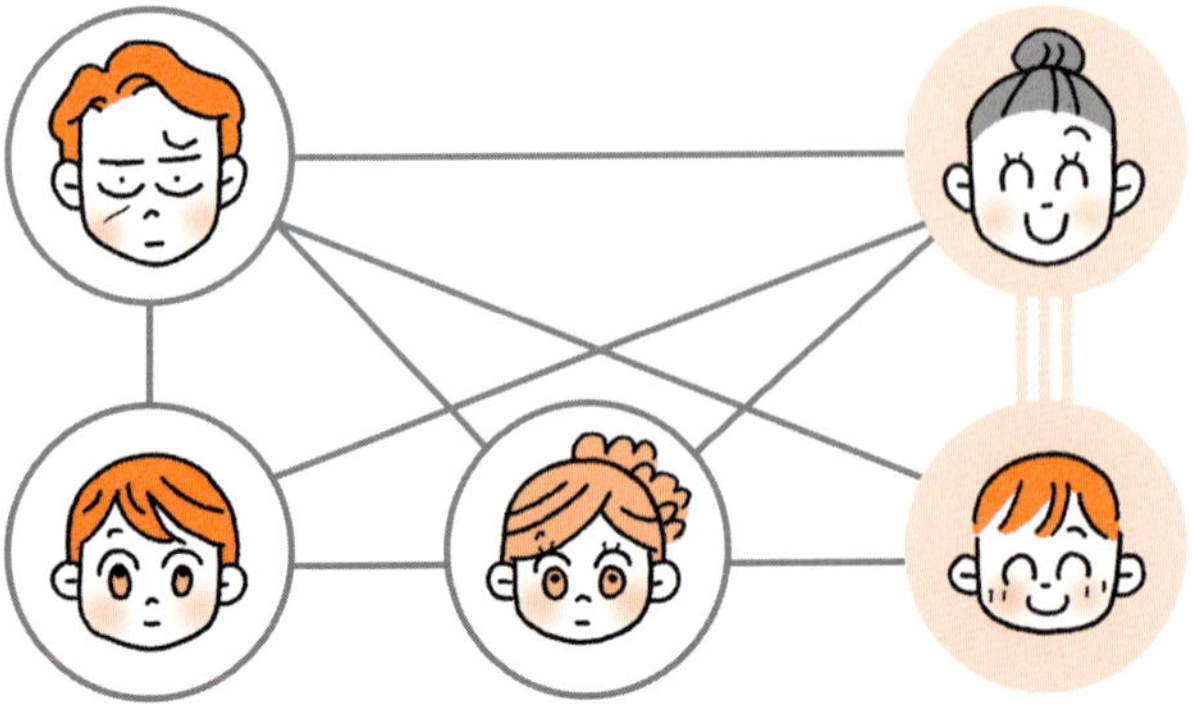

ルにはできず、さらに自立が難しくなってしまいます。

　お子さんたちもいつかは巣立っていき、最後はまた夫婦二人に戻ります。その生活を豊かにするためにも、今から夫婦のヨコ関係を強めていくことが大事ですね。そして、親が病気になったり、介護が大変になり高齢者施設に入る、というときには、きょうだい間で話しあい、決定していくわけですから、やはりきょうだいのヨコ関係も大事です。質問者さんがもう一度ここをしっかり認識して、妻と一度向きあってみませんか。たとえば、「アイツも大きくなってきたな。そろそろ一人でやらせないか？　楽になるぶん、お前も好きなことを始めたらいいよ」など、これまでの労をねぎらいつつ、しぜんに子離れできるように促してみてはいかがでしょうか。

子どもは巣立ち、夫婦だけに戻ります

タテ夫婦④ 娘ばかりかわいがる妻

娘ばかりをかわいがる妻。
食事もすべて娘中心。。。
またこれ。。。
息子だって甘えたいのに
一体どうしたら

妻が娘ばかりをかわいがります。娘は小さいころからバレエを習っているのですが、毎週付き添い、おけいこもしっかり観察。行き帰り、そして、おけいこの間中も付き添うのは、うちだけです。

ほかにも、食事などすべて娘中心のメニュー。私や息子の意見は聞き入れられません。

息子も、母親に甘えたいのに甘えられない様子で、かわいそうです。このままでは、娘にとっても息子にとっても、よくない方向に行きそうな気がします。どうしたらいいでしょうか。

（子ども／十二歳の女子と九歳の男子）

Answer

母娘カプセルから抜け出して！

母娘ベッタリの場合、母息子ベッタリよりはいいのですが、それでも少し心配ですね。このまま娘さんが結婚すれば、夫はそっちのけになってしまうからです。

よく、趣味も一緒、海外旅行も母娘で…という親子がいます。たまにならばよいのですが、すべてお母さんと一緒だと、自立しにくいのはもちろん、大きくなって娘さんに恋人ができづらくなる可能性があります。お母さんとはツーカーだし、お金もあるし、同年代の男性などは、面倒くさいだけになってしまいます。外での人間関係は、はるかに厳しいで

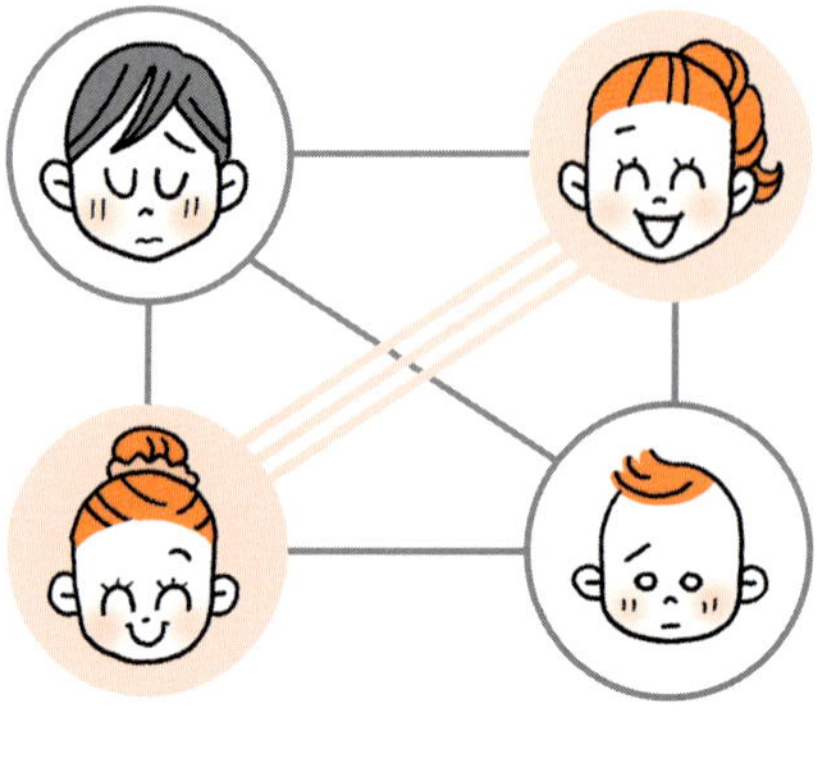

すから。思春期になっても、娘の私的な時間を親が奪うのは望ましくありません。

質問者さんの場合、たとえばバレエの発表会を友だちのお母さんや娘さんと一緒に行ってもらうようにしむけ、母娘のカプセルから抜け出せるような提案をしてみたらどうでしょう。そうすれば、母親同士、娘同士と、ヨコ関係にシフトできます。そして質問者さんも妻を大事に思っている、ということを伝える（態度でもいいので）努力をしてみてください。母親が子どもにベッタリする場合、夫婦のヨコ関係がうまく築けず、さびしい思いをしていることもあるからです。さらに、下に息子さんがいるので、女同士対男同士という構図にもなりがち。まずは夫婦のヨコ関係を強め、さらにどちらのお子さんともかかわりをもてるように行動してみてください。

One Point Advice

ヨコ関係を重視！　にシフトしよう

タテ夫婦⑤
息子に期待しすぎる夫

夫はJリーガーを目指していたほど
サッカー好き♡
息子とも
サッカー三昧。
今では一
絶対に
サッカー選手!!
どうしたものだか。
息子も思春期だし
うおーーっ!!

夫はスポーツ大好きで、とくに一時期はＪリーガーを目指していたほどのサッカー好き。

もちろん、息子が小さいころから休日は公園でサッカー三昧。小学生になってからは有名な地域の少年サッカークラブに入れるなど、ものすごい熱の入れようです。練習や試合の送り迎えや、ときには許可を取ってビデオ撮影したり…。ぜったいにサッカー選手に育てる！　と豪語しています。息子も思春期にさしかかり、夫の期待が重荷になっているのかもしれません。どうしたものかと悩んでいます。

（子ども／十一歳の男子）

Answer

重すぎる期待は要注意

最近、「スポーツパパ」が多くなってきたように思います。お父さんの果たせなかった夢を、息子、または娘に投影するパターンです。ちょっと才能があるようにみえると、休日ごとに付き添い、父子べッタリ。母親の入る隙はありません。

外国ではスポーツ界にも精神科医がかかわる場合があります。一見華やかにみえる世界ですが、期待しすぎると親と子は精神的に密着しすぎるため、様々なサポートが必要な世界です。父子の結びつきが強くなりすぎると、息子が「辞めたい」と思ったとき、これまで父親が自分にかけてくれた時間やお

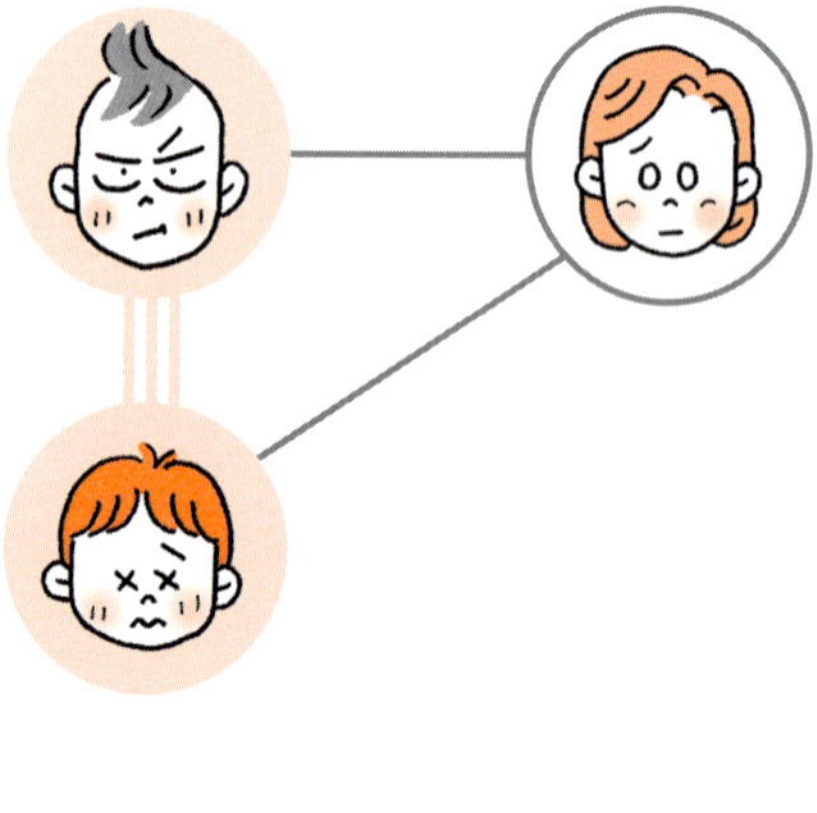

金のことを考えると言い出せない…ということがよく起きます。とくに、男の子は逃げ道がありません。女の子の場合は、建前といえども「結婚」が逃げ道となることがあります。

このままだと、父子カプセルになって、妻との会話もなくなってしまいます。子どもは両親をよく観察していますから、とても不安に感じることでしょう。さらに父親の期待に重荷を感じていたとしたら…。

大事なのは、子どもの気持ちです。とくに思春期にさしかかったら、上から押し付けるのではなく、この先どうしたいのか聞いてみるなど、子どもの気持ちを第一に考えてみましょう。おりをみて、家族で気持ちを確かめあってみてはどうでしょう。「息子の気持ちも考えて」くらいはお母さんが言ってあげるとよいと思います。

One Point Advice

子どもの気持ちを優先しましょう

タテ夫婦⑥ 気が合う娘と夫だけど…

とっても気が合う
夫と娘♡
ほかのお子さんは
父親拒否!!
ムカつく
うざっ
くせぇし
反発がすごいようで
仲がいいのは悪くないけど思春期なのに心配×××
ちなみに長男は思春期まっ最中。
思春期、あればあったで心配×××。

夫と娘は昔から気が合うらしく、中学生になった今でもたまに一緒に出掛けています。

娘と同じクラスのお母さんたちの話では「うざい」「くさい」「無視」というように、父親に対しての反発がすごいらしいのですが、娘はまったく逆。

仲がよいのはホッとするのですが、思春期だし、反抗期らしきものもないので大丈夫かな…と思ってしまいます。上の息子のほうは思春期まっただ中といった感じで、私にも夫にもあまり話をしません。

（子ども／十六歳の男子と十四歳の女子）

Answer

お父さんが少し距離をとってあげて！

多くの場合、思春期になると娘は父親に（もちろん母親にも）反発しだします。それなのに、親に対して小さいころのままだと、たしかにお母さんとしては心配かもしれませんね。

何度もお話しているように、家族の基本は夫婦のヨコ関係です。ここがガッチリできていれば、ほとんどのことはうまくいくものです。これに対して夫と娘のタテ関係が強い場合、娘には欲しいものを買い与えるのに、妻には「もったいない」といってなにも買わないことがあります。

たしかに、父親にとって娘はかわいいとは思いま

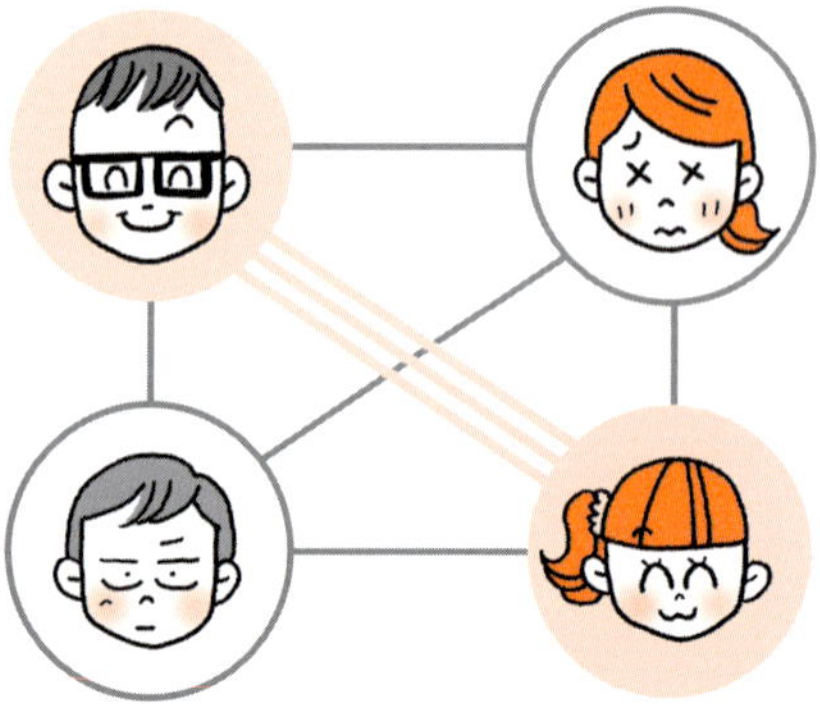

すが、このままでは娘さんは結婚しても夫とヨコ関係が築けずに、いつまでもお父さんを頼るファザコンになってしまいます。また、父娘のタテ関係が強い場合、娘がかなり年上の人を恋愛対象にする傾向があります。お父さんが理想になったら、同世代の人とヨコ関係は築きにくいですよね。なぜなら、同世代に経済力もあって包容力もあって…という人は少ないですから。同世代とのヨコ関係が少ないと、人間関係のスキルを磨くチャンスもなくしてしまいます。

そのような意味でも、父娘のタテはほどほどが望ましいです。父親に依存したままでは、自分で考える力が育たず、自立しにくくなってしまいます。

お母さんができることは二つ。娘に「あなたはどう思うの?」と常に問うことと、夫婦のヨコ関係を強めるために、夫と自分との接点を多くもつよう心がけることです。

One Point Advice

夫婦のきずなを強めましょう

〈タテきょうだい・関係図〉

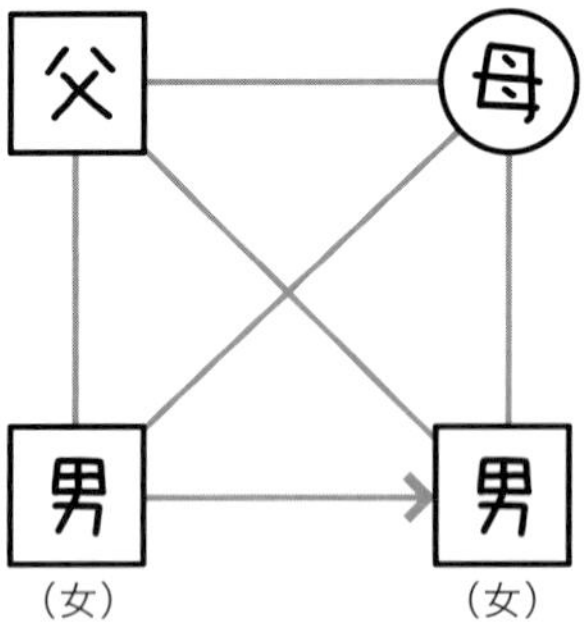

兄（姉）が弟（妹）を支配

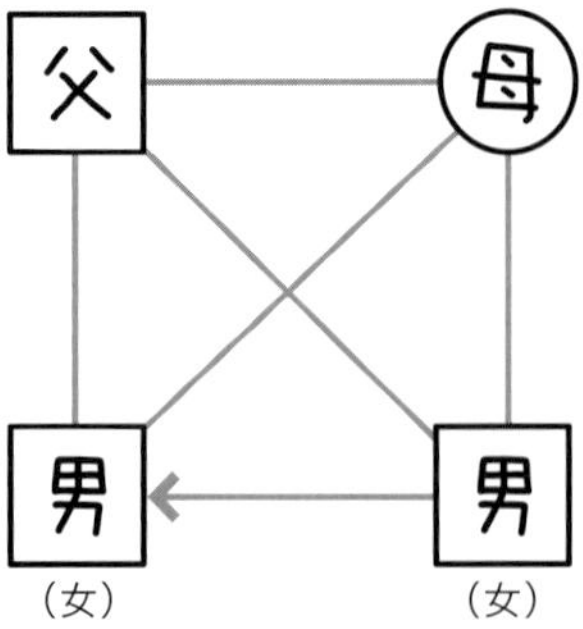

弟（妹）が兄（姉）がをばかにする

タ 3 テ

仲が悪いきょうだい

きょうだいで
心当たりがあれば
タテきょうだい!

check!

- □ ケンカが多い
- □ 上の子が下の子を支配する
- □ 下の子が上の子をばかにする
- □ 親と特定の子とのつながりが強すぎる
- □ きょうだいで食事の量に差がある
- □ なにかにつけ、いつも下の子が優先される

タテきょうだい①
兄が弟をいじめてばかり

強ーい兄と
んべー。
弱〜い弟。
めそ
めそ
いつも泣かされてばかり
びぇーん
しらっ
私も怒ってはいるけれどー
弟思いの兄に
なってほしい〜!!

兄弟の仲があまりよくありません。

お兄ちゃんは体格がよく、性格も強いというか弁が立つというか、相手を言い負かすことが多いです。

弟のほうは、体も小さく気も小さいので、いつもお兄ちゃんの言いなりになっているかんじです。たまに、ボコッなんて叩かれて泣いていることもあるし、使いっ走りのようなこともさせられています。もちろん、私もお兄ちゃんを怒りますが「どこ吹く風」といったかんじで反省していません。もっと弟思いの兄になってほしいです。

（子ども／十二歳と九歳の男子）

Answer

支配関係は厳禁です

上の子どもが下の子どもに命令したり、叩くことがあります。力があればあるほど、暴力にものを言わせて言う事をきかせてしまいがちです。命令して言う事をきく相手だと、暴力がエスカレートしてしまうことが往々にしてあります。質問者さんの場合、よくない上下関係ができている印象です。ご両親としては、介入せざるを得ないと思います。

きょうだいの年齢差は尊重すべきことですが、支配関係になってしまうのは望ましくありません。下のお子さんにものすごいストレスがかかります。また兄もいつも叱られてばかりなのでストレスがたま

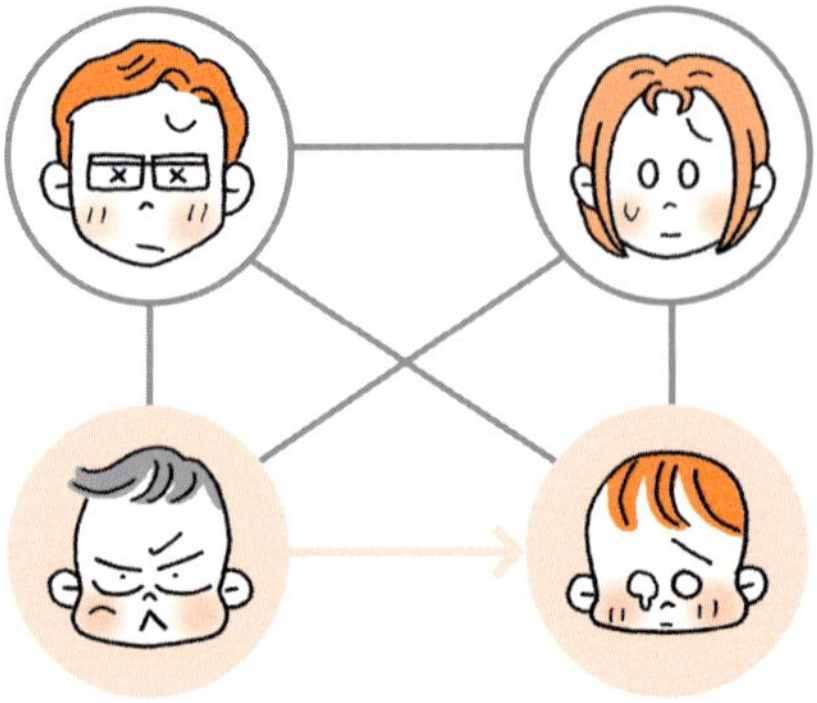

ります。

お母さんだけでなく、お父さんにも出てきてもらって、「命令して言う事を聞かせるのはよくないこと」としっかり諭す必要もあります。その後で、「わかった？お前はほんとうはやさしい子だと、お父さんもお母さんも思っているんだよ」と抱きしめてあげたり頭をなでてあげて下さい。

幸いなことに、お母さんが気づいてなんとかしたいと思っていらっしゃるので、ぜひ今言ったようなことを試してみてくださいね。

One Point Advice

上の子のフォローも忘れずに！

妹が姉をばかにします

タテきょうだい②

愛されキャラの妹と
うれしい一
そそっかしい
おとなしい姉。
しっかり者
夫婦で妹を気にかけていたら…。
妹がいばるように。
いったい
どうしたらいいの？。

下の娘は愛想がよく、誰にも好かれる愛されキャラ。反対に長女はあまり感情を表にあらわすタイプではなく、おとなしい印象です。しかし、しっかりしているのは姉のほうで、妹はそそっかしいところがあり、気が抜けません。私たち夫婦も、姉は安心できるので、妹のほうを気にかけてきました。

ところが、年齢が上がるにつれて妹のほうが威張りだし、姉をばかにした態度をとるようになりました。「お姉ちゃん」とも呼ばずに名前を呼び捨てにして、姉を姉とも思わない態度に、どうしたらいいのか困っています。

（子ども／十四歳と十三歳の女子）

Answer

親のなにげない行動が影響？

意識していなくても、親は下の子どもをかわいがる傾向があります。たとえばごはんのとき、どの子どもから最初にごはんをよそいますか？　下の子どもから…と言う方は、案外多いのではないでしょうか。じつは、食べ物は、愛情をあらわしています（130ページ～）。また、お姉ちゃんには我慢させたおもちゃを、妹は泣いて欲しがったのでつい買ってしまったとか、心当たりはありませんか。こうした親の行為を子どもたちは無意識に感じ取っていて、姉は「私はかわいがられていない」、妹は「私のほうが好かれている」と感じてしまいます。そう

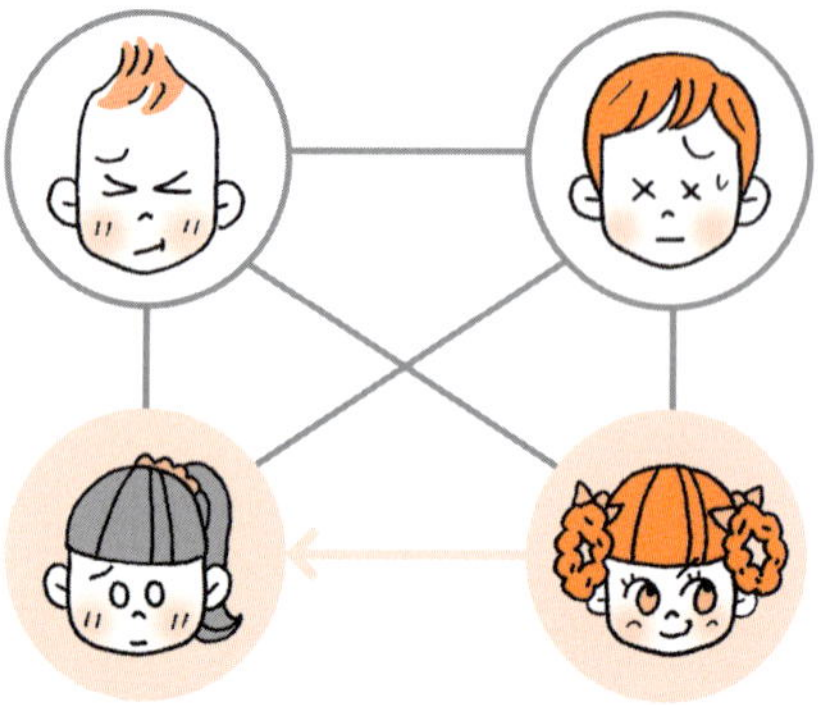

すると、かわいがられていると感じている子どもは「私のほうがほかのきょうだいよりも上」と思ってしまいます。

この場合は、姉妹が逆転してしまったのですね。そうすると、上の子どもをばかにしたり、下の子どもがわがままになったりします。その結果、年齢の上の人を尊重しない、「自己チュー」になってしまう危険があります。友だちとの間でも、自分が中心でないと気が済まないとか、わがままを通そうとするかもしれません。

親は意識して、上の子どもの尊厳を守ってあげましょう。「さすがお姉ちゃん」「いつも手伝ってくれてありがとう」「しっかりしていて助かるわ」など、お姉ちゃんのよさをご両親が認めていることを、言葉で示しましょう。ごはんは年長者から、というように態度で示すことも大事です。そうすると、下の子どももしぜんと上の子どもを敬うようになりますよ。

One Point Advice

年上の子どもを敬う態度を心がけましょう

〈タテひとり親・関係図〉

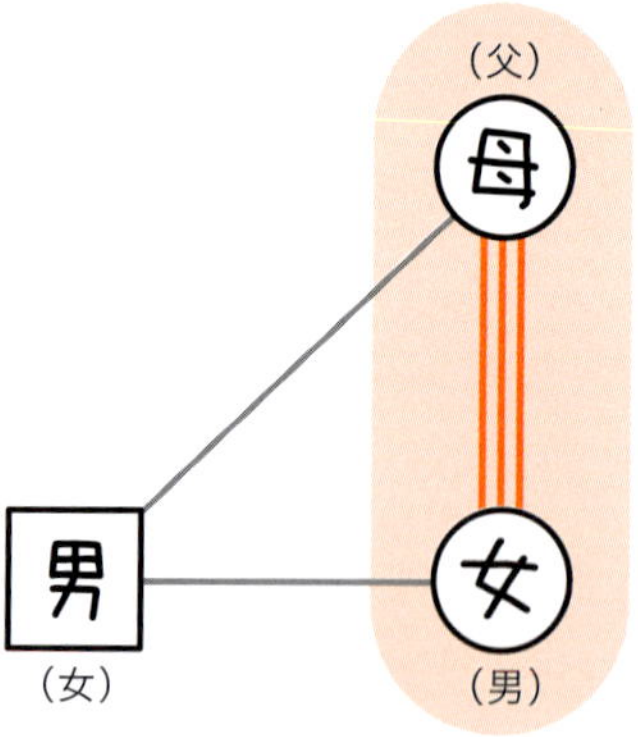

ひとり親 NG の場合

〈タテひとりっ子・関係図〉

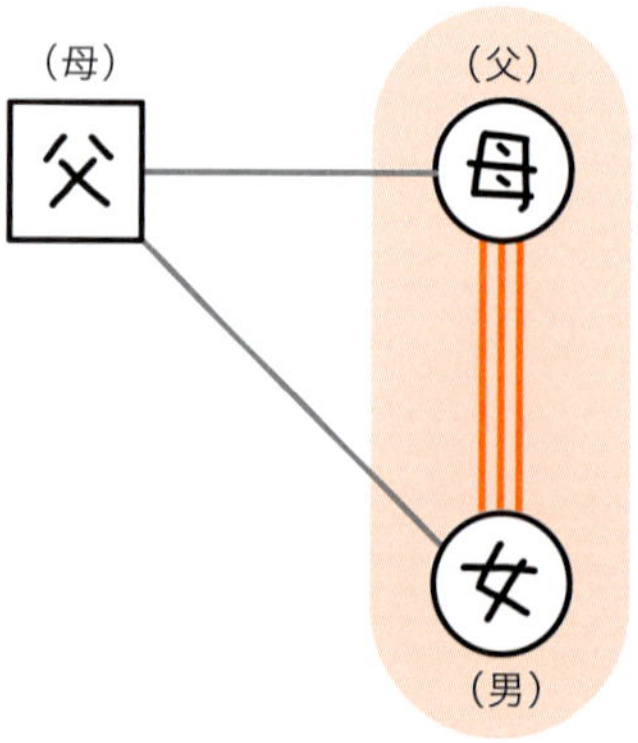

ひとりっ子 NG の場合

タテ 4

ひとり親・ひとりっ子 NGの場合

ひとり親で心当たりがあればタテひとり親！

check!

- □ 特定の子だけにつらくあたってしまう
- □ 特定の子だけと結びつきが強い
- □ パートナーに代わる相談できる大人がいない

- □ 父(母)とだけ子どもがべったり
- □ 夫婦間の会話がほとんどない
- □ 夫(妻)が孤立している

ひとりっ子で心当たりがあればタテひとりっ子！

夫に似た子にイラついてしまう

タテひとり親

ひとり親なので
子どもには
負い目が。。。
それなのにー
つい子どもに
当たってしまう。
キビキビした息子には
イラつかないのに
のんびりした娘には
イラついてばかり×××
アドバイス
お願い
します!!

ひとり親です。親の都合で離婚したので、子どもには負い目を感じています。

でも、正直、日々の暮らしに精いっぱいで、子どもに当たってしまうことも多いです。とくに、自分と正反対の別れた夫に似ているのんびりタイプの長女につらく当たってしまいます。なにをやるにもキビキビできず、ついイライラ。もう一人の子はやること、なすこと早いので、私もイラつくことはありませんが…。いいアドバイスをお願いします。

（子ども／十四歳の女子と十一歳の男子）

Answer

子どものがまんに気づいてあげて

　別れた夫に似ていれば、つい夫と子どもを重ねあわせてしまうもの。また自分が忙しいと、のんびりしている子どもに無性に腹が立つこともあります。お母さんの心がざわざわしてその子どもに影響を及ぼすこともあります。ですから相性のいい子どもだけガッツリかわいがる、というのはありがちです。この場合、たとえばお父さんがいたら、はじかれた者同士といってはなんですが、まだ一人ではないと思えるけれども、ひとり親の場合はそうはいきませんよね。

　家族の中でひとりだけ、と感じることは子どもにとってとてもつらい、さびしいことです。関係図を

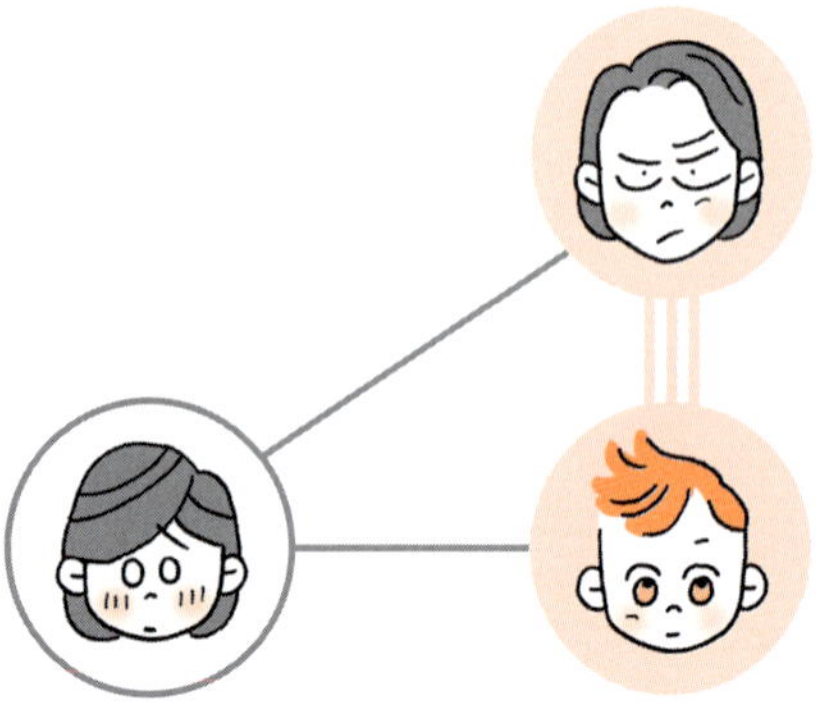

見ても、とてもさびしい感じがしますよね。
「さびしい」とか「ひがむ」とかを、表現できる子どもはまだよいのですが、がまんしている場合もあります。親は気づかずにいるけれども、子どもはみんな温かいふれあいを求めています（ふれあいの5つの法則）。表情に出そうが出すまいが、子どもは親の愛情を常に求めています。きょうだいは親の愛情を奪い合うものだと、すでにお話しました。ましてひとり親の場合、なおさらでしょう。

行動でも言葉でもいいので、「あなたのことが大事」「けっして忘れていない」と子どもにわかるようにはっきりと伝えてあげてください。

お母さんも大変だと思います。しかし、お子さんたちもきっとそんなお母さんをよく見ているはずです。二人ともあと二、三年もしたら、きっとお母さんを助けてくれると思いますよ。

子どもは温かいふれあいを求めています

タテひとりっ子

妻・娘と会話のない夫

夫は忙しくて不在がちなわが家。
今は家にいることも多くなったけれど。。。
娘は父親に寄りつかず
私も娘とばかり話してしまい。。。
このままだと
夫と会話がなくなりそう

子どもがひとりの三人家族です。

夫は営業職で仕事が忙しく、娘が小さいころから帰宅が遅く、出張も多かったです。

二年前に部署が変わり、いまは出張もほとんどなく、家に帰るのも早くなりました。でも、娘がちょうど思春期で、父親に寄り付きません。私も、これまで娘との生活が中心でしたので、どうしても食事中も娘とばかり話してしまいます。夫は最近では食事が終わると、そそくさと自室にこもってしまいます。このままでよいのでしょうか？

（子ども／十六歳の女子）

Answer

パートナーの孤立は厳禁！

質問者さんのように、夫婦のヨコ関係が希薄で母娘のタテ関係が強いと、お父さんは家庭の中で孤立してしまいがちです。

母子・父子がくっついてしまうひとりっ子家庭では、一方の親が一人になってしまい、ほかのヨコ関係を求めてしまいます。異性の親しい人を作ってしまう、趣味に走る…などです。質問者さんの夫も、せっかく帰宅が早くなったのに家族の輪に入れず、ひとり自室にこもってしまうとのこと。「ひとりで楽しそうにしているからいいわ」などとほっておかずに、妻から少しでもアプローチしてみてください。

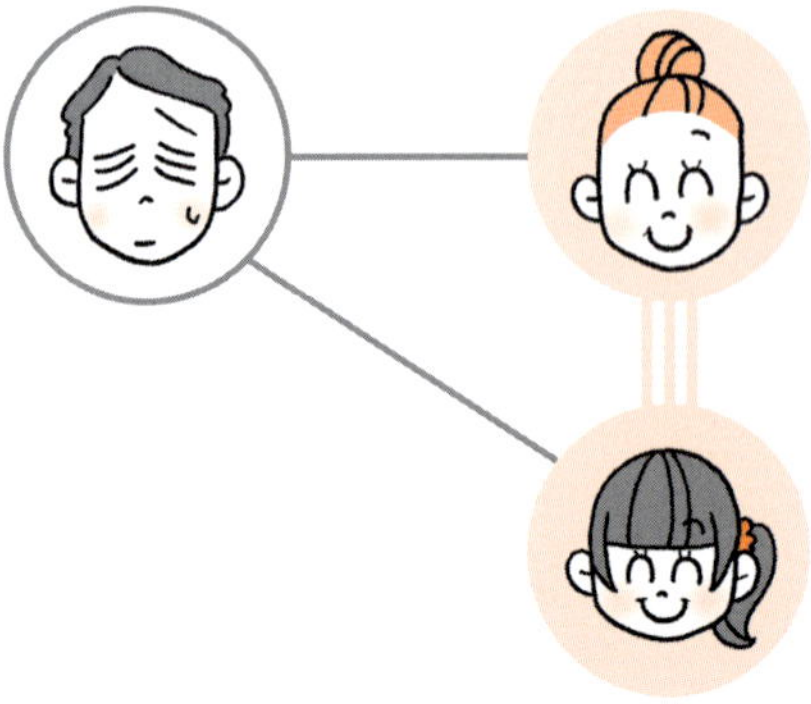

夫婦関係が子どものお手本になってしまいます

このままだと、ますますお父さんは家族とコミットできなくなってしまいます。そうなると、娘さんもコミュニケーションの取り方が学べなくなり、損をしてしまいます。

きっと、質問者さんは、娘さんが小さいころ、忙しい夫となかなか話ができずにさびしい思いをしていたのではないでしょうか。知らず知らず、ヨコ関係に代わるものとして、お子さんを求めてしまったのだと思います。

家族の形は、夫婦のヨコ関係が中心です。なかなか理想どおりにはいかないかもしれませんが、いまからでも遅くありません。同じ趣味をもつ、共通の話題を探すなど、ちょっとした努力をしてみませんか。

1 タテ一直線
支配関係になっている家族

夫―妻―子と、タテ一直線になっているご家族があります。とくに多いのは、夫と妻が支配関係になっている場合です。本来、夫婦はヨコ関係で同等であるべき立場です。それが、どちらか一方ばかりが威張っている、夫婦関係がタテの支配関係になっているというのは、家族に様々な影響を及ぼしてしまいがちです。暴力で相手を支配するのは言うまでもありませんが、言葉の暴力にも気をつけなければなりません。「なにをやってもお前はダメだ」「こんなメシなんか食えるか!」といった言葉も、DVの対象になります（逆に、妻が夫に対して「甲斐性なし!」と言うのも同じです）。また、何も言う事ができず、じっとがまんして、自分が悪い

と思い込んでしまうケースも多々あります。その場合、頭が痛い、心臓がドキドキするなど、身体にSOSのサインが出ます。

あまりにもひどいことを言われたら、公的機関に相談をしてみるのも一つの方法です（43ページ参照）。このままの状態が続くと、ご両親をよく観察しているお子さんは、暴言を吐いたりする親を尊敬できなくなります。

また、親は子どもを支配しないようにしましょう。こういうタテ一直線の支配関係で成り立っているのは、苦しく、家族でいるのがつらくなるものです。相手の気持ちを尊重し、夫婦のヨコ関係を築く努力をしたいですね。

One Point Advise

お互いを尊重しましょう

② タテが切れている

一番子どもにストレスを与えます

　最も望ましくないのは、親子のタテ関係が切れている場合です。ふれあいの5つの法則を思い出してください。親から温かなふれあいやコミュニケーションをたっぷり受けないと、子どもは必ずといってよいほど問題行動を起こすようになります。怒られても、マイナスの関係でも、タテ関係が切れているよりはましだからです。

　時々、お子さんがお母さんに話しかけているのに無視している人がいます。きょうだいの中で、うまの合わない子どもを無視する場合もあります。子どもも、そうした関係をモデルにしますから、友だちとの関係でも気に入らなければ無視してしまうことがあります。

One Point Advice

今すぐ温かいかかわりを！

これでは、子どもは幸せになれません。人間関係のない世界なんてないからです。

子どもとの相性もたしかにあるでしょう。しかし、大人である親がまずは変わることを意識してください。話しかける努力や、お菓子を買ってきて渡す…など。温かい行動や態度で補ってくださ い。少しずつでもよいから、はじめてくださいね。

子どもは、親から受けたよいことより、いやなことを覚えているものです。親はしたことを忘れてしまいがちですが、子どもは無力なぶん、どうにもできないからよけい覚えています。親が思う以上の打撃を受けているのが子どもだということを覚えていてくださるとうれしいです。

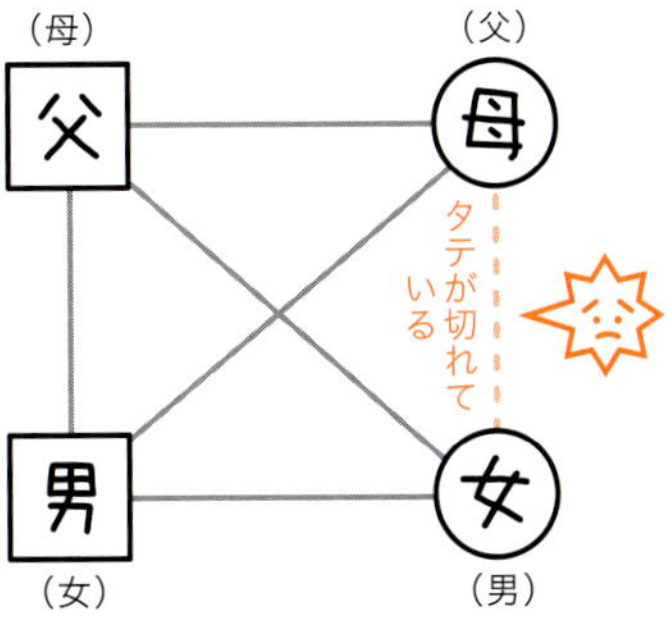

まず気づくことが大事。
タテ関係かも…と
思っても
大丈夫ですよ！

タテをヨコに変えるには？

「あなたが大事」と伝えよう！

　さて、タテ関係の例を見てきました。心当たりが多くて、心配になった方もいるでしょう。でも大丈夫！　ヨコ関係に変える方法をわかりやすく解説します。コツは「あなたを大切に思っている」と相手に伝えることです。

　まずは、タテ関係におちいった家族のなかで起きやすい子どもの問題状況から整理してみましょう。そして、親子、きょうだい、祖父母のタテからヨコの関係へと導く方法をお伝えします。

●問題状況発生のメカニズムって？

　子どもは（大人もですが）、ストレスがかかると必ず表情や態度に表れます。いつもはおとなしい子どもがやたらとハイテンションになったり、明るかった子の表情が暗くなったり、イライラしたり、不眠になったり…。SOSの出方の大小とストレスの大きさとが、必ずしも比例しているわけではないところが少々やっかいなところです。そのため日頃から子どもの表情や様子に気をつけておくに越したことはありません。

　表情や態度がちがうな…と感じたとき、多くは「人がきっかけ」となり、問題状況が発生します。難しいのは、「きっかけ」をなくせばよいというものでもないということ。なぜなら、外部だけでなく、子どもの心の中にも「きっかけ」があり、これをなくすのが容易ではないからです。

どういうことでしょうか？　たとえば、子どもが友だちとすれちがった場面で考えてみましょう。友だちに「おはよう」と声をかけたのに、友だちはそのままスーッと行ってしまいました。子どもの自尊心（自分を大切に思う気持ち）が高ければ、「あれ？　気づかなかったんだ」と思います。しかし、自尊心が低いと「この前、メールの返事をすぐ書かなかったから怒っているのかな」などと、自分の行為と結びつけて考えてしまいがちです。同じ状況下であっても、子どもの受け取り方しだいとなるのです。

では、どうしたらいいのでしょうか？　もちろん、「ふれあいの5つの法則」1にのっとって育てられた子どもは自己肯定感が高いのですが、そうでない場合、とにかく過去に戻れませんので「今」から始めていくしかありません。まずは、予兆が見られた時に危機介入をすることが大切です。私はこれを「聞き介入」と言っています。むかついていること、つらいこと、不満やさびしさなどを、心をこめて聞いてあげるのです。

「何か気に入らないことでもあるの？　全部話さなくてもいいよ。話せることだけでいいからね」

「お母さんやお父さんに、言いたいことがあるかな？　弟ばっかりかわいがってるとか…？　教えてもらえるとうれしいんだけど…」

「最近眠れていないようだけど、どうなのかな？　なにか気がかりなことでもあるのかな？」

子どもが話し始めたら、ただただじっくり聞きます。親は子どもの話をさえぎって、「それはね…」とつい言ってしまいがちですが、ここは我慢！　グッとこらえます。そして、子どもの話を聞いて、子どもが誤解していたら、次のように話しかけてみましょう。

○ 十分に子どもの話を聞く聞き方

「あなたはそう思ったのね。もう少しくわしく聞かせてくれるかな…」

さらに話を聞いて、子どもの気持ちを十分にくみとります。

× 母親が話を取ってしまう聞き方

「それは違う。お母さんそんなつもりはなかったの。実はね…」

つい言ってしまいがちですが、この場合はせっかく話してくれたのに「もう二度と話さない」と子どもに思われてしまう危険があります。

子どもの気持ちを十分に聞くことがポイントです。親は「聞いた」と思っても、子どもは「まだまだ」と思っていることが多いもの。人は自分の気持ちを十分にわかってもらえたと実感した時に、変わっていくことができるといわれています。

問題状況発生のメカニズム 1

子どもの行動には必ず理由があります。たとえば、お兄ちゃんが妹を叩いたとします。

行動

「ひどく叩く」という行動には、必ず「理由（わけ）」があります。

理由

「大事なものを壊されたから」など。

感情

そこには感情が隠れています。

（「妹ばかりかわいがられていてさびしいよ」「つらいよ」「悲しいよ」など）

このような気持ちをわかってあげる必要があります。

問題状況発生のメカニズム 2

子どもの側からすると反対になります。まず、日頃の満たされない感情があり、それが理由（すなわち動機）となって、その行動に走ってしまいます。

感情

「無条件に愛されていない」などの日頃の満たされない感情があります。

（意識されている場合も意識されていない場合もある）

動機

その不足感を何かで埋めたいという気持ちが、行動を起こす動機となります。

行動

感情が外に向かったり（乱暴な行動など）、自分に向かったり（リストカットや様々な依存の行動など）します。

いかがでしょうか。感情がいかに大事かわかっていただけたでしょうか。では、次にタテをヨコ関係に変える方法をお伝えしますね。

●夫婦のタテ関係をヨコ関係に

夫婦間のコミュニケーションがゼロの会話なし夫婦の場合、「お父さんに伝えといて！」「母さんに言っておけ！」などと子どもを伝達係にしてしまいます。その場合、子どもは見て見ぬふりをしつつも、内心はビクビクしています。「お父さんとお母さん別れちゃわないかな」「ボクが悪いから二人は仲が悪いんだ」など、子どもは勝手に心配な思いを膨らませていきます。その心理的負担は親が思う以上に大きいものです。その不安から、子どもが「ふれあいの5つの法則」2にのっとり、親の関心を引くために叱られるような悪いことや心配することをしてしまうことがあります。ですから、夫婦のヨコのコミュニケーションを復活させなくてはなりません。

でも、「今さら話しかけられない」「あっちから謝るのが筋でしょ！」という気持ちがお互い強いと、一向に回復できないですよね。そこで、思い出してください。心理学でよく使われる言葉は、「過去と他人は変えられない」でしたよね。夫に変わってほしければ妻が、妻に変わってほしければ夫が、先に変わる必要があります。くり返しますが、性格をガラッと変える必要はないのです。これまでの関わり方を変えればよいだけです。

何年もほとんど口をきかなかったご夫婦が、短期間で劇的にコミュニケーションを回復させた例をあげてみます。この方の場合、変わられたのは妻のほうでした。「子どものことを夫に伝えたい。

でも夫と面と向かって話し合うのは抵抗がある。メールでとりあえず今晩のおかずを伝えて、その後に子どものことを伝えよう」と考えたのです。これを「OK(おかず子ども)メール」と名付けました。根気よく続けていくと、最初は夫からレスがなかったのですが、少しずつ返信が返ってくるようになり、会話も復活しました。おかずをメールに書くことにしたのは、とつぜん子どものことを書くよりは…という妻の機転でした。じつは、食べ物は愛情の象徴なのです(次の項を参照)。無意識ですが「相手を大切に思っていること」と「食べ物」はとても関係が深いのです。面と向かってが難しければ、まずはメールから…。

もし、これまで夫の食事を作らなかったとしたら、夫が好きな料理をそっとテーブルに置いておくのもよいでしょう。

●きょうだいのタテ関係をヨコ関係に

きょうだいのコミュニケーションが途切れる理由は、親の愛情の奪い合いからということが多いです。たとえば、きょうだいげんかをして兄がつい弟を叩き、弟がワーンと大泣き。するとお母さんがすっ飛んできます。そして、「なんで泣かすの!」と兄を叱ります。時にはこっぴどく兄を叱ってお兄ちゃんが泣き出すことも…。すると弟はシメシメです。お母さんを通じてリベンジが出来たのですから。このようなことがずっと続くと、兄は弟がお母さんに自分よりもかわいがられていると感じて、弟を嫌うようになります。

追い打ちをかけるように、お母さんが無意識に、兄よりも弟におかずを多くあげているなら要注意。「食べ物」は愛情に直結するからです。食べ物を出す順番や食べ物を盛る量に気をつけましょう。乳幼児は例外ですが、学齢期になったら年齢の高い人から食べ物を出すようにします。

次のようなご家庭がありました。小学六年生と小学二年生の姉妹です。お母さんはまず妹からごはんを出します。次に姉へごはんを出します。その次にペットのワンちゃんへエサを出します。最後に、お父さんへごはんを出します。すると、ペットのワンちゃんもお父さんの言うことをききません。妹が一番威張っています。食べ物を通して「自分がお母さんにかわいがられている」と感じているのです。逆に姉は、自分が妹よりもかわいがられていないと感じてしまいます。

これまで面接をした多くの子どもたちが、自信をもって「自分はお母さんにきょうだいよりもかわいがられていない」と確信する根拠に、この食べ物を出す順番と量をあげます。子どもたちは食べ物が親の愛情を表すことを知っているのです。お母さんはたいてい無意識です。指摘されてはじめてハッとされることが多いです。

こういうことが続くと、きょうだいが憎くなってきます。「ふれあいの5つの法則」2にのっとって、温かいふれあいがなければ叱られるようなことをするのです。きょうだいをいじめたり、学校でトラブルを起こしたり、やけになっていきます。次第にきょうだいとのヨコの関係は切れていきます。さらに、親とのタテの関係も少なくなっていき、子どもは孤独になっていってしまいます。

この時に子どもを責めるのではなく、タテ関係を見直しましょう。子どもの話を十分に聞くとともに、食べ物の順番や量は、年齢順にします。それが普通ですよね。おこづかいなども、「平等」にするのがよいとは限りません。むしろ年齢に合わせて調節するのがよいのです。

よい意味でのタテのコミュニケーション量が、きょうだい分け隔てなく多くなるように、それぞれほめてあげましょう。そうすることで、きょうだい間のヨコつながりが強くなります。

●祖父母のタテ関係をヨコ関係に

祖父母同士のヨコのコミュニケーションが途切れている時には、歴史があるぶん修復は大変です。考え方の柔軟性も少なくなっていることが多いので、無理につなげようとするとますます離れてしまうこともあります。

六十代くらいの若い祖父母の場合は、たとえば、二人で旅行に、二人で共通の趣味をなど、「二人一緒」という場面を意図的に設定します。二人はセットであるという意識を、こちらがもっていることを伝えることだけでもちがってきます。

七十代以降の祖父母の場合は、過ごしてきた子ども時代や青春時代の背景がまったくちがうため、現在の子どもや若夫婦のことを理解できず、「二人とも仲よくしてね」という進言に耳を貸さないことも多いでしょう。ヨコ関係が途切れていることを非難しても始まりません。

大切なことは、祖父母もまた「ふれあいの5つの法則」どおりに動いているということです。もし、祖父母がいじわるだと感じたら、それは「こっちを見て」のサインです。優しくしてあげられるに越したことはないのですが、どうしてもそれができない時には、好きな食べ物を用意するだけでもいいのです。食べ物は愛情の証、と話してきました。祖父母の心に余裕が生まれるはずです。

最後に、皆さんにエクササイズをお勧めしたいと思います。子どもをほめるにも、「いいところが一つもない」などとおっしゃるお母さんもいます。そして、お母さん自身も、「自分なんて悪いところばっかり」と言います。本当にそうでしょうか。じつは、自分が欠点だと思っているところが長所でもあるのです。そこで、マイナスだと自分が思っているところを、プラスに見るエクササイズをしてみませんか。たとえば…

「ドケチ」を言い換えると→【　　　　　　】

「頑固」を言い換えると→【　　　　　　】

マイナスだと思っていたことが、少し違って見えてきませんか？

このように見方が変わることを専門用語で「リフレーミング」と言います。文字通り枠組みが変わることです。たとえば、「本当にお父さんは頑固な人だ」と思っていたのを、「本当にお父さんは意志の強い人だ」と言いかえると、それだけで腹が立たなくなったりするでしょう？「あなたはケチなんだから」と言われるのと、「あなたは経済観念があるんだね」と言われるのでは全く違いますよね。

「頑固」や「ケチ」と言われたら、なんだか自分が否定されているような感じがします。しかし、「意志が強いねぇ」とか「お金をとっても大切にしているんだね」とか言われると、「プラスに見てくれている」「少なくとも悪くは思われていない」と感じることができます。

そうすると、相手は自分が受け入れられていると実感できます。自分が受け入れられていると実感することは、「ふれあいの5つの法則」1を満たすことにつながり、人を安心させます。そして、家族全体が幸せになります。

対談

田村節子 × 高野 優

Setsuko Tamura　You Takano

"家族の落とし穴"に気をつけて！

言葉で、態度で、お互いの気持ちを伝えましょう

家族全体から、子育てを考えよう

高野　「XとYの法則」に続き、「ヨコとタテの法則」ということで、「思春期の子育て羅針盤2」では、より広く「家族」に焦点があてられたわけですけど、ひとつ謎が解けたことがあります。それは、私自身、自尊心が低く育ってきたんだなあということ。

先生の例でもありましたけど、たとえば学生時代、友だちに無視されたとしたら、私は、「何か悪いことしたのかな」って自分のせいだと思っちゃうんです。だけど「あれ、急いでいるのかな」って、気にしないタイプの友だちもいる。なぜ違うんだろうかとは思っていたのですが、自尊心が理由だとわかりました。私はもう大人なので、親にすべての責任を負わせるわけではありませんが、自尊心をどう持たせるか、親の育て方って大切なんですね。自分の子どもたちには自尊心を高くもってもらいたい。そして、子どもが大人になったら、高い自尊心をもてる子どもが育てられるような親になってもらいたい。そういうふうにつないでいけたらいいなというのが、この本の一番の感想です。

田村　いま高野さんがおっしゃったことが、（「はじめに」にも書きましたが）「世代間伝達」なんです。本人も意識しないままに親と自分との関係がともに連鎖していくのですが、高野さんのように気づかれると、「負」の部分は断ち切られます。だから、「気づき」はすごく大事なんですね。なかなか気づくきっかけがないんですが、高野さんのように何かを読んだり見たりすることによって、ご自身で気づかれる場合があります。気づくと意識するようになるので、引き継がれにくくなります。

また、とくに思春期に入ったお子さんがSOS（問題行動）を出すことによって、気づかせてくれる場合があります。家族で問題に向き合わなくてはなければならない状況を、子どもが生み出すわけです。そういうときが気づくチャンスでもあるのですね。

高野さんが、「親にすべての責任を負わせるわけではない」と言われたけれど、本当にその通りなんです。誰も悪くないのに、なぜか親子間・家族間でズレが生じてしまう。その場合、当事者間だけでなく世代間、つまり親のそのまた親との関係も影響しているのではないか、ということです。この本で、家族全体を視野に入れたのには、親、とくにお母さんが自分を責めてほしくないという思いも込めています。

高野　以前、講演会に来てくださったお客様にアンケートをとらせていただいたとき、六割から七割のお母さんが「子どもをかわいく思えない」と答えていて驚いたことがありました。

田村　子どもをかわいく思えない母親は、ものすごく罪悪感をもつもの。お母さんはいつも子どもをかわいく思えるものという固定観念があって、それと自分との違いをすごく悩まれている。

私も、カウンセリングを通して、「母親失格」だと言われる方が多いと実感しています。でも、子どもがかわいいと思えるときと、思えないときと、両方あるのが普通なんです。

だから、親がそういうプレッシャーから少しでも楽になれるように、子育てというのはどちらかの親だけではなく家族全体のあり方が影響するもので、もう少し全体を見ましょうという意図があったんです。

本数が少ない子にスポットライトを！

高野　家族関係に線を引くという方法、すごくわかりやすかったです。私もやってみたんですけど、本を手に取ってくださった方は、ぜひやってみてほしいですね。普段気づかないことが線として、視覚として目に入るからすごくわかりやすいです。

田村　会話量で一本、二本と線を引き、家族間で何本になるか引いてみるだけですが、一人の子だけ線が多いとか、夫との線がほとんどないとかがパッとわかる。無意識に夫に対して邪険にしていたとか、特定の子どもだけかわいがっていたとか、線を引くだけで見えてくるんです。

高野　私は、子どもたちと自分との関係に線を引いて、点数が少ない子にスポットライトを当てようと考えて、勝手にあの図を「スポットライト」って呼んでるんです。

田村　それはすばらしいですね。

高野　その時々によって、線の本数も変わってくるんです。今はこの子とかかわりが薄いから、この子にスポットライトを当てようって意識するようになりました。

　じつは、私自身、両親からずっと姉と比べられて、「どうしてお姉ちゃんはできるのに、お前はできないんだ」って言われて育ちました。だから、余計に子どもに対して平等を意識しているんだと思います。親の愛情と期待が姉にかかっているのは、ひしひしと感じていたから。

田村　子どもの年の差が近いほど、子どもたち同士で親の対応に納得がいかないというのはあるでしょうね。張り合ってライバルになってしまうことが多いのです。年が離れていると、「妹(弟)はまだ小さいから…」など子ども自身が納得することがあります。
　さきほど、高野さんご自身がお姉さんへの親御さんの愛情をひしひしと感じているとおっしゃいましたが、どういうところで感じたんですか?
高野　まず、習い事の数ですね。姉は、家庭教師がほぼ毎日。ピアノなどの習い事もしていて、いつも忙しそうでした。私は家庭教師も付いていないし、自由で楽ではあったんですけどね。
　でも、大人になって姉と話をしたときに、姉は姉で、親の期待を一身に受けていて、成績が落ちると親に認められないのではないかとすごく苦しんでいたんです。この本でもあるように「条件付きの愛情」と感じていたんですね。逆に、何も期待されていない私がうらやましかったって。

私は、とにかく遊ぶのが好きで、パワーがあって…。危険とギリギリのところで遊んでいたので、母親としては、手におえない子だったのかなと思うんです。それもあって育てにくかったのかなあ、と。

田村　ずいぶん叱られましたか？

高野　はい。ずっと叱られていました。

田村　心理学者の平木典子先生がおっしゃった名言なのですが、「怒りは困り」という言葉があります。自分たちが怒っているときのことを想像してみてください。たいてい困っているんですよね。親子関係だけでなく、夫婦でも嫁姑間でも、上司と部下でも同じです。子どもの成績が悪くて怒るのも、「このままの成績で高校へ行けるのかしら」とか「こんな成績を夫に見せられない」と困っているからなのです。

　高野さんのお母さんも、怒っていたということは、困っていたのではないでしょうか。

高野　とにかくケガが多い子どもでした。遊んじゃいけないと言われるところで遊んで…釘が目に刺さったこともありました（苦笑）。

田村　それは！　女の子だし、万が一傷が残ったらって、昔の人だったら絶対に困っていたはずです。でも、親御さんとしては、「困り」が「怒り」の表現となって、どうしても叱ってばかりいることになってしまう。でも、子どもからしたら、叱られている印象しかないですよね。

高野　今、わかりました(笑)。

田村　高野さんにしてみたら、「なんでお姉ちゃんだけほめられて、自分だけ叱られるんだろう」って思っていたのでしょう。すると、「ふれあいの5つの法則」どおり、くり返し叱られることをしてしまうんです。

高野　子どもの万引きも、そうですよね？

田村　はい。万引きは、スリルもありますが、背景には満たされないものがある。親の心を盗めないから物を盗むんです。

高野　なるほど。

田村　お金や物は、心理学では愛情の象徴。なぜお姉さんが習い事ばかりしていて愛情をかけられていると高野さんが感じるかというと、お金をかけられているから。自分はお金（愛情）をかけられていないと、無意識に子どもは感じているんです。

高野　赤ちゃんは無力だから観察力があると、本で書かれていましたが、子どももその延長ですよね。

田村　そうです。子どもはよく観察していますからね。親としては、無意識の行動や態度が、まさかそこまで深く傷つけているとは思っていないもの。だからといってお母さんが悪いということではありませんよ。誰も悪くない。みんな一生懸命やっているんだけど、それが伝わっていないということなんですね。親も子どもに言葉で伝える必要があります。

私もそうでしたけど、とくに母親は自分の体から子どもが産まれると、以心伝心で、言わなくても子どもに伝わると錯覚するんです。でも、私は子どもが三人とも男だったので、女性としての私の感覚が子どもには全然通じなくて、「基本的には他人と一緒なんだ。別人格なんだ」と痛感した。どこの家でもありがちですが、「家族なんだからわかって当たり前」という落とし穴に注意したいですね。

子どもの〝ホントの気持ち〟に気づくために

高野　つい先日の講演会で、思春期の息子さんに暴力を振るわれて困っているというお母さんがいらしたんです。ご自身は、夫のDVで離婚された方です。最近、離婚家庭も増えてき

て、この本でもひとり親の場合についても取り上げています。思春期のお子さんと、ひとり親の関係も難しいですよね…。

田村　子どもが離婚を納得しているかは、とても大事。離婚した場合、100％近くの子どもが自分のせいだと思っているという調査結果があります。ぼくがいい子にしてなかったからお父さんはお母さんにつらくあたるんだ…とか。まったく関係ないのに、子どもはそう思ってしまう。

　お母さんは、子どものためにも最善だと思って離婚したかもしれませんが、子どもはまた別の見方をしているもの。夫婦は紙一枚（婚姻届）の関係ですが、親子は血がつながっていて、お互い世界でたった一人の存在です。妻の夫への思いの割り切り方と、子どもの割り切り方とは、全然違ったものがあります。ある程度話がわかる年齢になったら、親も子も気持ちを出しあっていい。子どもにとっては父に対していやなことだけでなく、たとえばお菓子を買ってもらったとか小さなことでも、楽しい記憶、大きな思い出として残っているかもしれません。

　この方の場合、息子さんですからお父さんをモデルにして暴力を学んでしまっている部分もありますけど、それがお母さんに向かうときはお母さんに対してなにか納得のいかない面がある。ひどい場合は、専門家に入ってもらったほうがいいのですが、同時にご自身も見つめられるといいですね。

　ふれあいの5つの法則でいうと、親の価値観に触れる一番いやなことを子どもはしますから、この場合、お母さんが一番いやな暴力という形で出るわけです。つまり、お子さんは本当の気持ちに気づいてほしいというSOSを出しているのではないでしょうか。

高野　お母さんもお子さんも、みんな苦しいんですね。

田村　そうなんです。とくに、子どもは言葉でうまく言えないので、行動に出てしまう。

私たちが起こす行動には必ず理由があります。子ども自身、親がいやがる行動をとった後は落ち込んでいるはず。でも、くり返しやってしまう。ふれあいの5つの法則を、いつも頭の隅に置いておく必要があります。

高野　長女が思春期まっただ中だった時、思春期の海に一緒に溺れそうになりながら、私まで溺れちゃだめだと気づいて、デッキチェアに座ってちょっと引いて見るように意識をしたんです。そうしたら、長女は落ち着いてきた。よく荒れたから、おだやかになってきたのかなって、今では思っています。反抗期とか思春期が悪いことでないとわかるだけでも、親は楽になると思います。

田村　本当にそうですね。思春期でのいろいろな問題が、家族関係を見直すチャンス。時々ヨコとタテの法則で、夫婦間、親子間の結びつきを見直してみるのもいいと思います。

そして、じつは子どもの思春期こそ、お父さんが母と子の関係を切る大きな役割があるんですよ。最初の「運命の舟」に戻って、夫婦二人が家族の基本であると、お父さん・お母さんが認識することが、子どもの自立にとっても一番なのです。

高野　前作から二年、高校二年になった長女は、ハリネズミのとげが取れたように丸くなって、ずいぶんしっかりとたくましくなりました。前作の親が子どもを押さえつけると子どもが成長しないというXとYの法則を学んだことで、楽になった気がします。

ヨコとタテの法則を学んだので、今度は、「スポットライト」を意識して子どもたちと関わりあっていきたいと思います。

田村　子どもの幸せを願わない親はいません。けれど、その幸せが親と子どもとでは違っていることがあります。そこに気づき、「ヨコを強く、タテをほどほどに」の家族を、読者の皆さまに目指していただければうれしいです。

おわりに。

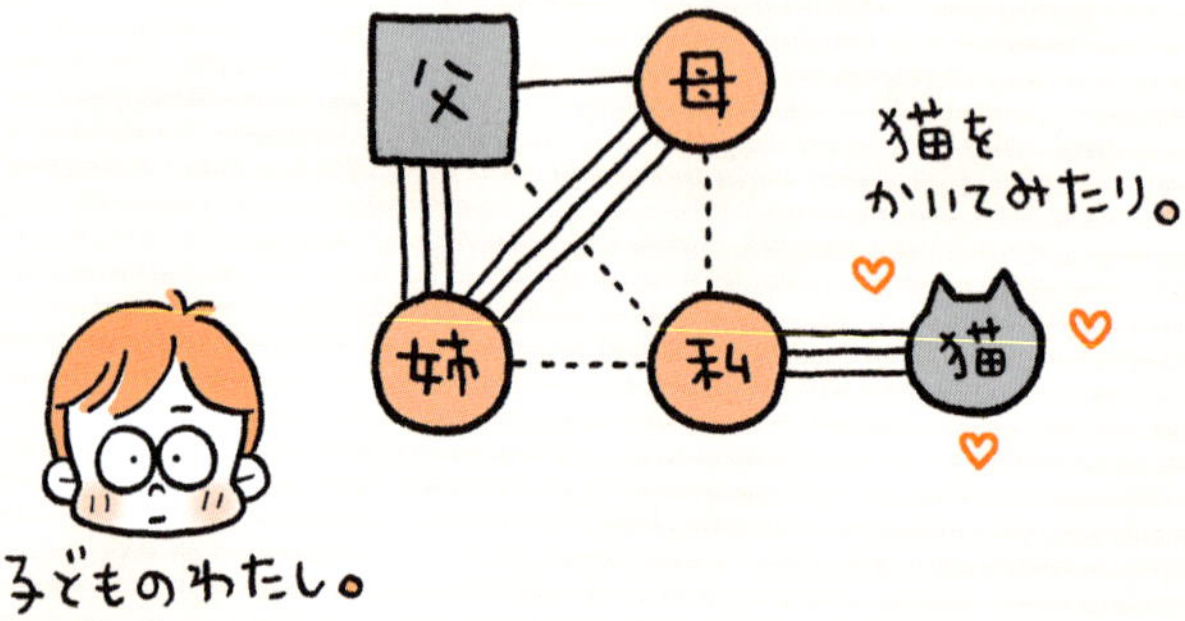

『ヨコとタテの関係図』

子ども時代を振り返ってグラフを書き込んだあと、ちょっと苦笑い。こんなにも歪んだグラフになるなんて。

もしも、四半世紀よりもっと前にこの本がでていて、わたしの保護者が手にとっていたら、少しはかわっていたのかな…。そんなことを、ふと考えてしまった。

田村先生のつくった関係図を、以前、講演会で紹介させていただいたことがある。

その際、線を光に置き換えて説明をさせていただいた。線の数が多い人は、スポットライトが十分あたっている証拠。逆に、線の数が少ない人には、意識をしてスポットライトをあてましょうと。

子どもは、自分で自分にライトをあてることができない。だけど、ライトがあたっていないと、いつしか暗闇に慣れてしまうし、やがて光の存在さえ忘れてしまうかもしれない。

だからこそ、親は意識をしてあたたかい光をあて続けることが大事。

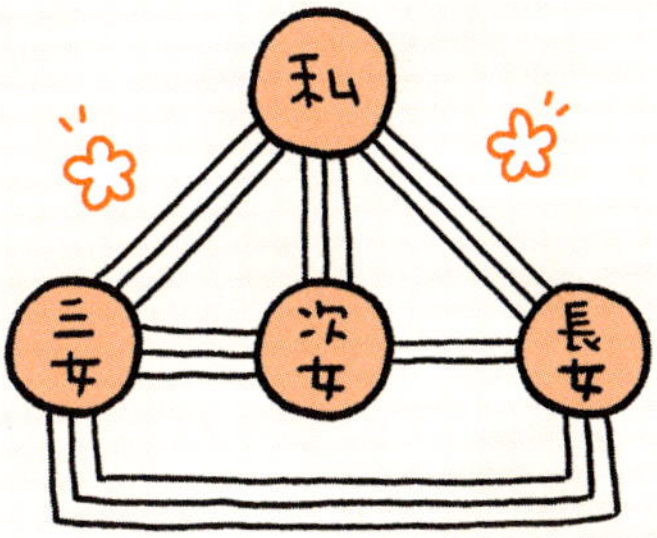

そして、今現在のグラフを書き込む。書き終わったあと、自分から放射状に線が伸びていることに気付き、うれしさから、ちょっと泣きそうになった。

毎日は目が回るほど忙しいし、子育ての悩みはあいかわらず次から次へと、手をかえ品をかえやってくる。

それでも、こんなふうに線が多いということは、どうにかこうにか、たのしくやっている証拠なのかな。

わが家の子どもたちは、高校生、中学生、小学生と、いわゆるビミョーなお年ごろ。そのビミョーさはやっかいで、頭を抱えたくなることばかり。

それなのに、田村先生の文章を読んでいると、やっかいさがたちまち愛しさにかわるから不思議。

愛しい子どもたちとの線が途切れないように、これからもやわらかな光をたっぷりとあてていこう。

この本に携わってくださったすべての方に感謝をこめて。

高野優

PROFILE

田村 節子

(たむら・せつこ)

博士(心理学)・学校心理士・臨床心理士

三兄弟の母。子育てと仕事の両立に奮闘する中、筑波大学大学院に入学。スクールカウンセラーとして多くの親子と向き合い「親と子が幸せになるXとYの法則」を発見。「XとY」をNHK教育テレビ「となりの子育て」で紹介し、その回がNHK特選ETVに選ばれる。「ホンマでっか!?TV」(フジテレビ)に学校心理評論家として出演。現在、東京成徳大学教授。おもな著書に、「保護者をパートナーとする援助チームの質的分析」(風間書房)、「新おねしょ革命」(共著、教育出版)、「思春期の子育て羅針盤　子どもにクソババァと言われたら」(共著、教育出版)、「実践チーム援助　特別支援教育編」(共著、図書文化)など。

高野 優

(たかの・ゆう)

育児漫画家・エッセイスト

三姉妹の母。漫画を描きながら講演をするという独特なスタイルで、全国を巡業中。NHK教育テレビにて「土よう親じかん」「となりの子育て」の司会を務め、子育てパパ・ママからの支持も厚い。「みつばのクローバー」(主婦の友社)、「思春期の子育て羅針盤　子どもにクソババァと言われたら」(共著、教育出版)、「よっつめの約束」(主婦の友社)、「思春期ブギ」(ジャパンマシニスト社)、「子育てバッチコイ!」(共著、竹書房)など、著書は約40冊。韓国や台湾でも翻訳本が発売されている。

思春期の子育て羅針盤2
家族ってけっこうビミョー

2013年7月19日　初版第1刷発行

著　者　田村節子　高野優
発行者　小林一光
発行所　教育出版株式会社

〒101-0051 東京都千代田区神田神保町2-10
TEL 03(3238)6965　FAX 03(3238)6999
URL http://www.kyoiku-shuppan.co.jp/

© S.Tamura , Y.Takano , 2013
Printed in Japan
落丁本・乱丁本はお取替えいたします。

DTP デザイン　伊藤由希子
印刷　大日本印刷株式会社
製本　上島製本

ISBN978-4-316-80400-2 C0037